Noli me tangere

Noli me tangere
Ensayo sobre el levantamiento del cuerpo

Jean-Luc Nancy

traducción de María Tabuyo y Agustín López

MINIMA TROTTA

Esta obra se benefició del P.A.P. GARCÍA LORCA,
Programa de Publicación del Servicio de Cooperación y
de Acción Cultural de la Embajada de Francia en España
y del Ministerio francés de Asuntos Exteriores

MINIMA TROTTA

Títulos originales: Noli me tangere. Essai sur la levée du corps
y Marie, Madeleine

ISBN: 84-8164-870-1
depósito legal: M. 44.366-2006

impresión
fernández ciudad, s. l.

CONTENIDO

PRÓLOGO

Sin duda no hay un solo episodio de la historia o la leyenda de Jesús de Nazaret que no haya sido representado en la iconografía cristiana y postcristiana, oriental y occidental. En la época de esas imágenes había toda una sociedad y toda una cultura que se reconocían como «cristiandad». Los pintores, los escultores, y en menor medida los músicos, han tomado como motivo cada uno de los momentos del relato ejemplar, desde el anuncio de la concepción de Cristo hasta su salida de este mundo.

Ese relato se presenta como una sucesión de escenas o cuadros: el hilo propiamente narrativo es en él muy tenue, y los episodios son menos momentos de una progresión que estaciones ante representaciones ejemplares o lecciones espirituales, con gran frecuencia ambas cosas mezcladas, como sucede especialmente en la forma de la parábola, expresamente designada en los textos evangélicos como el modo propio de la enseñanza de Jesús, al menos de su predicación pública[1]. Pero se puede decir que el relato evangélico en su conjunto se presenta como una parábola: si esta última constituye un modo de figuración mediante un relato encargado de representar un contenido moral, la vida de Jesús es toda ella una representación de la verdad que él mismo pretende ser. Pero esto significa que esa vida no ilustra solamente una verdad invisible: es idénticamente la verdad que se presenta representándose[2]. Ésa es al menos la propuesta de la fe cristiana: no se cree solamente en verdades significadas, traducidas o expresadas por un profeta; se cree también, o se cree ante todo, y quizá, en definitiva, exclusivamente, en la presentación efectiva de la verdad en tanto que vida o existencia singular.

En esta medida, la verdad se hace aquí parabólica: el *logos* no es distinto de la figura o de la imagen, puesto que su contenido esencial es precisamente que el *logos* se figura, se presenta y se representa, se anuncia como una persona que aparece, que se muestra y que mostrándose muestra el original de la figura. «El que me ha visto a mí, ha visto al Padre. ¿Cómo dices tú:

1. Mateo 12, 34-35; Marcos 4, 33-34.
2. La parábola se distingue así claramente de la alegoría. A este respecto, comparto la convicción de Jean-Pierre Sarrazac, que retoma la tesis exegética de Charles Harold Dodd, en *La parabole ou l'enfance du théâtre*, Circé, Belfort, 2002; cf. pp. 50-65.

muéstranos el Padre?»[3]. No hay nada ni nadie
que mostrar, nada ni nadie que desvelar o reve-
lar. El pensamiento de la revelación como salida
a la luz de una realidad oculta o como descifra-
miento de un misterio no es más que la moda-
lidad religiosa o creyente (en el sentido de una
forma de representación o saber subjetivo) del
cristianismo o del monoteísmo en general. Pero
en su estructura profunda, no religiosa (o según
la auto-deconstrucción, que ahí se pone en juego, de la religión)[4] y no creyente, la «revelación»
constituye la identidad de lo revelable y lo revela-
do, de lo «divino» y lo «humano» o «mundano».

3. Juan 14, 9. Quiero apartarme de las discusiones en
torno a los intentos por renovar la traducción de estos textos:
los artistas cuyas obras acompañan y asesoran de alguna manera este ensayo no conocieron tales discusiones.
4. Por «deconstrucción del cristianismo» trato de designar un movimiento que sería a la vez de análisis del cristianismo
—a partir de una postura que se supone capaz de sobrepasar-
lo— y de desplazamiento propio, con transformación, del propio cristianismo sobrepasándose, abriéndose y dando acceso a
recursos que oculta e implica a la vez. En lo esencial, se trata
de esto: no sólo el cristianismo se aparta y se exceptúa de lo
religioso, sino que designa, por el hueco que deja, más allá de
él, el lugar de lo que deberá terminar por eludir la alternativa
primaria del teísmo y el ateísmo. En realidad, esta deconstrucción trabaja, en modos diversos, el conjunto del monoteísmo
de las «religiones del Libro». Este trabajo responde siempre a
esto: el dios «Uno» no es precisamente ya «un dios». Volveré
a ello en otra parte de forma temática. El pequeño ensayo que
se va a leer obedece a este tema, pero no lo nutre más que de
manera lateral.

Supone también, por ese hecho, la identidad de la imagen y del original, aunque no sea sino implicando, de manera perfectamente consecuente, la identidad de lo invisible y lo visible.

De ello se sigue que el relato evangélico considerado como una parábola de parábolas se propone simultáneamente como un texto que interpretar y como una historia verdadera, haciéndose en él idénticas la verdad y la interpretación una a la otra y la una por la otra. No, sin embargo, de manera tal que la verdad aparezca finalmente en el fondo de la interpretación, ni de esa otra manera en virtud de la cual la verdad sería tan infinita y múltiple como lo son las interpretaciones siempre recomenzadas. La identidad de la verdad y sus figuras se debe entender de otra manera, en un sentido que el pensamiento de la parábola precisamente manifiesta. Cuando los discípulos piden a Jesús que les explique su uso de las parábolas, él les dice que están destinadas a quienes no les es «dado el conocer los misterios del Reino de los Cielos»[5] (a quienes este conocimiento les es dado es a los discípulos). De aquellos que «viendo no ven, y oyendo no oyen ni entienden»[6] se podría esperar que la parábola les abriera los ojos, instruyéndoles con un sentido propio por su fórmula figurada.

5. Mateo 13, 11.
6. *Ibid.*, 13.

12

Ahora bien, Jesús no dice nada de eso. Declara, por el contrario, que las parábolas cumplen para sus oyentes las palabras de Isaías: «Oír, oiréis pero no entenderéis; mirar, miraréis pero no veréis»[7]. Y es exactamente en ese contexto en el que pronuncia una de sus frases más conocidas y paradójicas: «Porque a quien tiene se le dará y le sobrará; pero a quien no tiene, aun lo que tiene se le quitará»[8]. El objetivo de la parábola es por tanto, en primer lugar, mantener en su ceguera al que no ve. No procede de una pedagogía de la figuración (de la alegoría, de la ilustración), sino, muy al contrario, de un rechazo o una negación de pedagogía.

Se debe señalar además que «aquellos que miran sin ver» son exactamente los términos que, en otros textos del Antiguo y el Nuevo Testamento, designan tanto a los ídolos como a sus adoradores[9]. El culto a los «ídolos» no es condenado en tanto que relación con las imágenes, sino en tanto esos dioses y los ojos que les rinden culto no han acogido primero en ellos la vista anterior a todo lo visible, lo único que hace posible la divinidad y la adoración. Por eso es necesario tener ya para recibir: hay que tener, preci-

7. *Ibid.*, 14.
8. *Ibid.*, 12.
9. Sobre esta cuestión, me permito remitir a mi estudio «La représentation interdite», en *Au fond des images*, Galilée, Paris, 2003.

13

samente, la disposición receptiva. Y esta última debe haber sido recibida de antemano: no es un misterio religioso, es la condición misma de la receptividad, de la sensibilidad y del sentido en general. Las palabras «divino» o «sagrado» podrían perfectamente no haber designado nunca otra cosa que esa pasividad o esa pasión iniciadora en los sentidos, en lo dotado de sentido, lo sensitivo o lo sensual.

La parábola no va de la imagen al sentido: va de la imagen a una vista ya dada o no. «¡Dichosos vuestros ojos porque ven!», dice Jesús a los discípulos[10], o esta otra fórmula repetida varias veces: «¡El que tenga oídos, que oiga!»[11]. La parábola no habla más que a aquel que ya ha comprendido, no muestra más que a aquellos que ya han visto. A los otros, les oculta por el contrario lo que hay que ver y el hecho mismo de que haya que ver. La interpretación más estrecha y más tristemente religiosa de este pensamiento sería aquella según la cual la verdad estaría reservada a los elegidos, que serían además, según el texto, siempre un pequeño número. La interpretación religiosa media viene a decir que la parábola ofrece una visión atenuada y provisional, incitando a buscar más allá: pero eso es, de ma-

10. Mateo, 13, 16.
11. *Ibid.*, 9.

14

nera manifiesta, lo que el texto prohíbe pensar (aunque esta interpretación sea frecuente). El texto obliga, por el contrario, a pensar que la parábola y la presencia o la ausencia de la vista «espiritual» son directa e inmediatamente correlativas. No hay varios grados de figuración o de literalidad del sentido; hay una sola «imagen», y frente a ella una visión o una ceguera. Sin duda, sucede más de una vez que Jesús traduce una de sus parábolas a sus discípulos. Sin embargo, al hacerlo no hace sino restituirles la vista que ya tienen. Una vez más, la parábola restituye la vista o la ceguera. Devuelve el don o la privación de la vista en verdad[12].

La parábola no está, pues, en la relación de la «figura» con lo «literal», ni en la relación de la «apariencia» con la «realidad», o en la relación mimética; está en la relación de la imagen con la vista. La imagen es vista si es vista, y es vista cuando la visión se hace en ella y por ella, lo mismo que la visión no ve más que cuando es dada con la imagen y en ella. Entre la imagen

12. ¿Cómo pensar la contingencia de ese don o de esa privación? Habría que abrir aquí el tema de la elección o la gracia, lo que excedería nuestro propósito. Digamos simplemente, en nuestro contexto inmediato, que los discípulos —siempre designados o elegidos sin razón convincente, incluso contra razón— no son elegidos porque ya tengan la «vista», sino, al contrario, la reciben porque son elegidos.

15

y la vista no hay imitación, hay participación y penetración. Hay participación de la vista en lo visible, y de lo visible a su vez en lo invisible que no es otra cosa que la vista misma. (La *methexis* en la *mimesis* es sin duda uno de los enunciados del quiasma grecojudío donde se articula la invención cristiana.)

A partir de ahí, la parábola está lejos de dejarse reducir a la fórmula de una alegoría. Participa del don de la vista y de ese «más» asegurado a quienes ya la tienen. En la parábola hay más que una «figura», pero hay también —como en sentido inverso— más que un sentido primero o último. Hay un incremento de visibilidad o, más exactamente, un doble incremento de visibilidad e invisibilidad.

Es de esta manera como las parábolas han perpetuado su eficacia más allá de la religión. En los nombres o en las expresiones de la «cizaña», del «buen samaritano», del «hijo pródigo» o de los «obreros de la hora undécima», centellea un brillo singular, resuena un suplemento de significado absolutamente irreductible, no sólo a la religión cristiana, sino también a la moral laicizada que un europeo cultivado puede todavía ligar con esas figuras. Sin duda, en tanto que depósitos culturales, apenas son diferentes de figuras mitológicas como «Hércules en la encrucijada de caminos» o «las ninfas de los bosques y de las fuentes». Pero salta a la vista una diferencia:

allí donde Hércules y las ninfas, surgidos de un contexto mítico y ritual, son de entrada alegorías que se presentan como tales, las parábolas, de alguna forma, son obstinadamente «tautológicas», es decir, se enuncian a sí mismas y no otra cosa, según el término que Schelling forjó para caracterizar, precisamente, al mito en su fuerza propia. Ocurre con ellas, a este respecto, como con las fábulas: en «La cigarra y la hormiga» hay algo más que la oposición de la despreocupación y la previsión afanosa. Hay figuras, siluetas, nombres y sonoridades que lanzan de nuevo, sin cesar, recursos de sentido que los conceptos no pueden dejar brotar. A fin de cuentas, la verdad de la fábula está siempre en exceso sobre el sentido que proporciona su «moraleja». Más allá del sentido: invisible en medio de la figuralidad visible. Ahora bien, no hay en las fábulas —de Fedro a La Fontaine— más que una verdad típicamente desencantada. La fábula es lo opuesto al mito, la lección sin grandeza sagrada (allí donde el mito habría sido la grandeza inmortal sin otra enseñanza que la remoción trágica de los mortales).

Pero la parábola cristiana abre otra vía, con la que es posible que toda la literatura moderna tenga alguna relación esencial (o, tal vez, también todo el arte moderno: en cierto sentido, este librito se dedica a desenredar un poco esta hipótesis). El exceso de su verdad no tiene el carácter indeterminado de una enseñanza general, en alguna medida sobredimensionada para cada caso particular, y que proponga un principio regulador. Su exceso es siempre en primer lugar el de su procedencia o su dirección: «¡El que tenga oídos que oiga!». No hay «mensaje» sin que haya primero —o, más sutilmente, sin que haya también en el propio mensaje— una apelación a una capacidad o una disposición de escucha. No es una exhortación (del tipo «¡prestad atención!, ¡escuchad!»), es una advertencia: si no comprendéis, no busquéis la razón de ello en la oscuridad del texto, sino solamente en vosotros, en la oscuridad de vuestro corazón. Más que el contenido detallado del mensaje, prevalece esto: hay ahí un mensaje para quien quiere y sabe recibirlo, para quien quiere y sabe ser interpelado. El mensaje no dice nada a un oído cerrado, pero al oído abierto dice más que una lección. Menos o más que el sentido: nada en absoluto o bien toda la verdad, presente de un golpe y cada vez singular.

Por ello el texto —o la palabra— exige ante todo, antes de su propio sentido (o bien infinitamente más allá de él), su oyente, aquel que ya ha entrado en la escucha propia de ese texto, y por consiguiente en ese texto mismo, en su más íntimo movimiento de sentido o de sobrepasamiento del sentido y en su *desarticulación*. Esta exigencia significa también que la parábola espera el oído que sepa escucharla, y que es ella misma, la parábola, la única que puede abrir el oído a su propia capacidad de escucha. Igualmente, se dirá más tarde, es necesario que un autor encuentre sus propios lectores, o bien, y es lo mismo, es el autor quien crea a sus propios lectores. Se trata siempre del surgimiento del sentido o del más-allá-del-sentido: de un eco singular en el que yo me oigo hablarme y responderme por la voz de otro al oído de otro como a mi oído más propio.

¿No será eso lo que separa, sin conciliación posible, la fe de la creencia? Pues la creencia plantea o supone en un otro una mismidad en la que ella se identifica y reconforta (es bueno, me salva), mientras que la fe deja que el otro le dirija una llamada desconcertante, lanzada a una escucha que uno mismo no conocía. Pero lo que así separa la creencia de la fe es idénticamente lo que separa la religión de la literatura y el arte, a condición de entender* esos términos en toda su verdad. Se trata de oír, en efecto: oír la escucha de nuestro propio oído, de ver mirar a nuestro ojo aquello que lo abre y que se eclipsa en esta abertura.

---

* *Entendre*, en francés, significa tanto entender como oír. (*N. de los T.*)

Correggio, *Noli me tangere*, Museo del Prado, Madrid

EN EL ACTO DE PARTIR

Un episodio del evangelio de Juan es particularmente apropiado para ofrecer el ejemplo de ese surgimiento con el que coexiste un desvanecimiento. No es una parábola pronunciada por Jesús, es una escena de la parábola general que forman su vida y su misión. En esta escena, él habla, interpela y se va. Habla para decir que está allí y que se va enseguida. Habla para decir que no está allí donde se cree que está, que está ya en otra parte, estando sin embargo muy presente: aquí, pero no aquí. Al otro le incumbe comprender. Al otro, ver y oír.

Este episodio se conoce con el título *Noli me tangere*, en particular en la pintura, donde ha sido tratado con mucha frecuencia; mucha menos, sin embargo, es evidente, que los grandes episodios canónicos de la Anunciación o la Crucifixión, e incluso menos que el de Emaús, con el que está relacionado[1]. Es sin duda el úni-

---

1. Está también relacionado con el de Tomás tocando las

co «cuadro» que recibe su título de unas palabras pronunciadas (a veces, es cierto, pero muy raramente, un pintor ha preferido titular, como Rembrandt, *Cristo y María Magdalena en el sepulcro*, situando por otra parte el instante de la escena muy ligeramente antes de la palabra *noli*: queriendo tal vez evitar o desplazar el motivo del *tocar*). Otras palabras de Jesús (o de otros personajes), aunque habiendo accedido también al estatuto de cita ejemplar y sintagma estereotipado (como «¡Zaqueo, baja!» o «¡Lázaro, levántate!»), no han llegado sin embargo a ser títulos de escenas y luego de motivos pictóricos. *Noli me tangere*, en cambio, ha llegado tan lejos que se puede decir «un *Noli me tangere*» como se dice «una *Resurrección*» o «una *Cena de Emaús*». Más aún, la fórmula (¿cómo designarla?, es más que una expresión sin ser una frase...) ha conocido la fortuna de ser retomada a veces a guisa de título para obras sin relación manifiesta con la escena evangélica[2], igual que una planta tiene el honor

llagas de Jesús: pero no me es posible evaluar el número de cuadros consagrados a cada episodio. La diferencia en las cantidades remite tanto a la importancia teológica o espiritual de las escenas como a su repercusión en el orden figurativo, o a lo que apelan o interperlan de la pintura. Pero en el caso concreto del *Noli me tangere* puede intervenir también una ambigüedad sensible, y de la que hablaremos aquí, referente a la connotación sensual de la escena y del personaje de María Magdalena.

2.   Como sucede, por ejemplo, con una célebre obra de teatro del filipino José Rizal, igualmente llevada a la pantalla

de llevar su nombre[3].

No tratemos de explicar inmediatamente este destino tan favorable, que además y sin duda es uno de los menos próximos a lo religioso que cabe imaginar para unas palabras evangélicas: *Noli me tangere* —«No me toques»— evoca una prohibición de contacto, se trate de sensualidad o de violencia, un retroceso, una huida amedrentada o púdica, pero nada que ofrezca en principio un carácter propiamente religioso o sagrado, todavía menos teológico o espiritual, en tanto la mención de esas palabras no esté acompañada de su referencia expresa al contexto en el que

y estrenada como «musical», así como con varias instalaciones de artistas contemporáneos (Arman, Seyed Alavi o Sam Taylor Wood, entre otros), un libro de relatos de abusos sexuales (Marie L.), una película de Jacques Rivette (*Out 1: Noli me tangere*), o también coreografías (Ch. Vincent), un poema de Wyatt para Ana Bolena y hasta divisas de escudos de armas o una bandera secesionista en 1860, e incluso el nombre de un gato de raza. En la medicina de antaño, fue también el nombre de ciertos tumores que más valía no tocar si no se podía realizar su ablación total por miedo a estimular su actividad. Pocas frases del Evangelio se han diseminado tanto. Incluso se la puede encontrar en un cuento de Villiers de l'Isle Adam, *Maryelle*, cuya heroína es una mujer galante, y que comienza así: «Su desaparición de Mabile, sus aires nuevos, la discreta elegancia de sus vestidos oscuros, sus aires, en fin, de *noli me tangere*...». (En cuanto a la música, véase *infra* la nota 1, p. 82.)

3. *Impatiens noli tangere*, una variedad de la familia de las *impatiens* (balsamináceas), plantas que reaccionan al contacto. La *Impatiens noli tangere* pierde su semilla cuando se la toca.

Juan las escribió. Parece más bien, en este caso, como si no se tratara ante todo de unas palabras sacadas del Evangelio, sino más bien de unas palabras que el Evangelio hubiera recogido de otra parte, de la lengua común; un poco a la manera en que retoma historias comunes (un viñador, un joven impetuoso, un viajero víctima de un asalto) para convertirlas en parábolas.

«No me toques» no constituye una formación lingüística notable, ni responde a ninguna clase de idiolecto. Pero es una frase que tiene valor por sí misma como indicación de un contexto al menos difuso. Mientras que una frase homóloga como «no me hables» queda en suspenso a la espera de un contexto («necesito silencio», o «no quiero oírte», o «no te creeré», o, por el contrario, «ya te he entendido»), «no me toques» se sitúa necesariamente al menos en un registro de advertencia ante un peligro («me harías daño» o «te haré daño», «pondrías en juego mi integridad» o «me defenderé»). Para decirlo en pocas palabras y haciendo un juego de palabras —difícil de evitar—, «no me toques» es una frase que toca*, que no puede no hacerlo, incluso aislada de todo contexto. Enuncia algo del acto de tocar en general, o toca el punto sensible del tacto: ese

* Para respetar el juego de palabras se traduce literalmente el francés *touche*: «toca», pero también «llama la atención» o «afecta significativamente». *(N. de los T.)*

punto sensible que el tocar constituye por excelencia (es, en resumidas cuentas, «el» punto de lo sensible) y lo que en él forma el punto sensible. Ahora bien, ese punto es precisamente el punto en que el tocar no toca, no debe tocar para ejercer su toque (su arte, su tacto, su gracia): el punto o el espacio sin dimensión que separa lo que el tocar reúne, la línea que separa el tocar de lo tocado y por tanto el toque de sí mismo[4].

Si la cultura y el arte se han apoderado de esta frase, es por tanto sin duda retomando del Evangelio algo que este último había buscado fuera de él, en esa separación intrínseca al acto de tocar, en ese borde con borde infranqueable que ha hecho también del tocar, como ha señalado Freud[5], un elemento fundamental del tabú en tanto que estructura constitutiva de la sacralidad. Lo *intocable* —cuya más llamativa representación es, para nuestros ojos de occidentales, la figura del *paria* hindú— está presente en todas partes allí donde existe lo sagrado, es decir, el re-

---

4. Toda esta problemática del tocar es evidentemente deudora del trabajo de Jacques Derrida en *Le Toucher, Jean-Luc Nancy* (Galilée, Paris, 2001); en ese libro, por otra parte, el episodio del *Noli me tangere* se menciona en el curso de una evocación del papel del tacto en general en la leyenda crística, evocación inscrita en una relación con la cuestión que yo había denominado «deconstrucción del cristianismo», cuestión que Derrida pretende tocar con una distancia escéptica o rabínica que no desespero de reducir aquí en alguna medida.

5. Cf. *Tótem y tabú*, II, 2.

tiro, la distancia, la distinción y lo inconmensurable, con la emoción que los acompaña (o que los constituye).

Es notable que Edipo —otra figura inaugural, con Jesús, de nuestra (de)sacralidad occidental, si no su otra figura, incluso su doble, por excelencia—, cuando se aleja hacia el bosquecillo cerca de Colono, donde desaparecerá, dice a aquellos que le siguen: «Venid, sin tocarme...»[6].

Ahora bien, en cierto sentido, nada ni nadie es intocable en el cristianismo desde el momento en que el propio cuerpo de Dios se da a comer y beber. Que diversos rituales, sobre todo católicos y ortodoxos, hayan participado de las ordenanzas religiosas más ordinarias disponiendo prohibiciones de tocar, o de tocar sin precauciones purificadoras, no impide que su pensamiento o su moción esencial no proceda de aquella orden. En cierta forma, por el contrario, el cristianismo habrá sido la invención de la religión del tacto, de lo sensible, de la presencia inmediata al cuerpo y al corazón. En ese sentido, la escena del *Noli me tangere* sería una excepción, un *hapax* teológico. O bien exigiría pensar conjuntamente, en un modo oximorónico o paradójico, las dos

6. Sófocles, *Edipo en Colono*, v. 1544 (Sófocles emplea el verbo *psauo*, más raro y menos utilizado en prosa que *hapto*, del que luego hablaremos; el sentido del segundo se sitúa más en el registro del «ligar» o «vincular», el del primero en el registro del «frotar» o «restregar»).

26

palabras *Hoc est corpus meum* y *Noli me tangere*: y, tal vez, es en efecto de esta paradoja de lo que se trata.

Ahora bien, lo que es propiamente excepcional en esta escena, considerada en el conjunto del relato evangélico, es la siguiente característica: aquí, Cristo rechaza expresamente el acto de tocar su cuerpo resucitado. En ningún otro momento Jesús prohíbe ni rechaza que se le toque. Aquí, en la mañana de Pascua, y en el momento de su primera aparición, impide o previene el gesto de María Magdalena. Lo que no debe ser tocado es el cuerpo resucitado. Podemos también entender que no debe ser tocado porque no puede serlo: no es tocable. Esto no significa, sin embargo, que se trate de un cuerpo aéreo o inmaterial, espectral o fantasmagórico. La continuación del texto, sobre la que volveremos más tarde, mostrará que ese cuerpo es tangible. Pero aquí no se presenta en tanto que tal. O, más bien, se sustrae a un contacto al que podría prestarse. Su ser y su verdad de resucitado están en esa sustracción, en esa retirada que es lo único que da la medida del toque del que se debe tratar: no tocando ese cuerpo, tocar su eternidad. No llegando al contacto de su presencia manifiesta, acceder a su presencia real, que consiste en su partida.

En el original griego de Juan, la frase de Jesús es: *Mè mou haptou*. En un uso como éste, el verbo *haptein* —«tocar»— puede igualmente tener el sentido de «retener», «detener».

Cristo no quiere ser retenido, pues se va: lo dice enseguida, todavía no se ha reunido con el Padre, y marcha hacia él. El tocar, el retener, sería adherirse a la presencia inmediata, e igual que eso sería creer en el tocar (creer en la presencia del presente), sería faltar al acto de marcharse según el cual el toque y la presencia vienen a nosotros. Sólo así la «resurrección» encuentra su sentido no religioso. Lo que para la religión es nuevo comienzo de una presencia, portadora de la certeza fantasmática de una inmortalidad, revela aquí no ser otra cosa que la partida en la cual la presencia se sustrae en verdad, portando su sentido en función de esa partida. Como viene, se va: es decir, que no *está* en el sentido en que una cosa está puesta en presencia, inmóvil, idéntica a sí misma, disponible para un uso o un concepto. La «resurrección» es la surrección, el surgimiento de lo indisponible, de lo otro, y del acto de desaparecer *en el cuerpo mismo y como el cuerpo*. No es un juego de magia, sino lo contrario: el cuerpo muerto permanece muerto y es él el que hace el «vacío» del sepulcro, pero el cuerpo que más tarde la teología llamará «glorioso» (es decir, brillando con el brillo de lo invisible) revela que ese vacío es el vaciamiento de la presencia. No, nada está aquí disponible: no trates de apoderarte de un sentido de esta vida finita, no trates de tocar ni de retener lo que esencialmente se aleja y, alejándose, te toca por su misma distancia (en los dos sentidos de la expresión: te toca desde y con su distancia) como lo que, al frustrar definitivamente tu espera, hace surgir ante ti, para ti, aquello mismo que no surge, aquello de lo que la surrección o la insurrección es una gloria que no responde a tu mano tendida y la aparta. Pues su brillo no es otra cosa que el vacío de la tumba. El «resucitado» no mediatiza lo uno por lo otro: expone («revela») cómo es el ausentarse mismo, el alejamiento mismo al que no se puede pensar en tocar, puesto que es él, y sólo él, quien nos toca en lo más vivo: en el punto de la muerte.

La muerte no está, aquí, «vencida» en el sentido que la religión se apresura a dar a esta palabra. Está desmesuradamente extendida, se sustrae a la limitación del solo fallecimiento. El sepulcro vacío ilimita la muerte en la partida del muerto. Éste no está «muerto» de una vez por todas: muere indefinidamente, es aquel que no cesa de partir. Aquel que dice: «No me toques», pues su presencia es la de una desaparición indefinidamente renovada o prolongada. *No me toques, no me retengas, no pienses cogerme ni alcanzarme, pues parto hacia el Padre, es decir, todavía y siempre hacia la fuerza misma de la muerte y me alejo en ella, me fundo con su brillo nocturno en esta mañana de primavera. Parto ya, no soy más que en esta partida, yo soy el que parte del acto de partir, mi ser consiste en esa partida y mi palabra es ésta: «Yo, la verdad, parto».*

Para terminar, si Jesús dice que parte «hacia el Padre», esto significa que *parte* absolutamente: el «padre» (con o sin mayúscula: el griego no la prescribe aquí) no es ningún otro que el ausente, el retirado, precisamente opuesto a «mis hermanos», los presentes, aquellos a los que la mujer puede y debe ir a buscar. Parte hacia el ausente, hacia el distante: él se ausenta, retrocede a esa dimensión de la que sólo llega la *gloria*, es decir, el brillo añadido a la presencia, el resplandor de un exceso sobre lo dado, lo disponible, lo establecido. Si él ha podido decir: «Quien me ha visto a mí, ha visto al Padre», este último no es otro ni está en otra parte, sino que es, aquí y ahora, lo que no se ve y sin embargo brilla, lo que no está en la luz sino detrás de ella. Por eso esta gloria no brilla más que en tanto es recibida y transmitida: «Mas todos nosotros que, con el rostro descubierto, reflejamos como en un espejo la gloria del Señor, nos vamos transformando en esa misma imagen, cada vez más gloriosos; así es cómo actúa el Señor, que es el Espíritu»[7].

La resurrección no es un retorno a la vida. Es la gloria del seno de la muerte: una gloria os-

---

7. 2 Corintios 3, 18.

cura cuya iluminación se confunde con la tiniebla del sepulcro. En lugar de lo continuo de la vida pasando por la muerte, se trata de lo discontinuo de otra vida en o de la muerte. Si Jesús había dicho, cuando el episodio de Lázaro: «Yo soy la resurrección»[8], significaba con ello que la resurrección no es un proceso de regeneración (semejante al de mitologías como las de Osiris o Dioniso), sino que consiste, o más bien que tiene lugar en la relación con aquel que dice: «Yo soy la resurrección». La continuación del versículo afirma: «El que cree en mí, aunque muera vivirá». Creer en él, estar, por tanto, en la fe, no es creer que puede haber regeneración del cadáver: es mantenerse con firmeza en la seguridad de una forma de estar ante la muerte. Esta «forma de estar» constituye propiamente la *anastasis*, la «resurrección», es decir, la elevación o el levantamiento («insurrección» es también un sentido posible del término griego)[9]. Ni regeneración, ni reanimación, ni palingenesia, ni renacimiento, ni reviviscencia, ni reencarnación: sino el levantamiento, la *elevación* o *el levantarse* en tanto

8. Juan 11, 25. Algunos manuscritos añaden «y la vida» (*ego eimi hè anastasis kai hè zoé*).
9. El término hebreo *qûm*, que indica el levantamiento o la elevación, figura en textos en los que se anuncia un pensamiento judío de la «resurrección», y es de él de donde viene el uso de la palabra *anastasis*, así como del verbo *egeiro*, de sentido cercano.

que verticalidad perpendicular a la horizontalidad del sepulcro; no dejándolo, no reduciéndolo a la nada, sino afirmando en él la forma de estar (por tanto también la reserva) de un intocable, de un inaccesible.

Este *levantamiento* no es un «relevo» en el sentido dado a esta palabra por Derrida para traducir la *Aufhebung* hegeliana: no lleva la vida suprimida a la potencia de una vida superior. No dialectiza ni mediatiza la muerte: hace que se eleve en ella la verdad de una vida, de toda vida en tanto que es mortal y de cada vida en tanto que es singular. Verdad vertical, inconmensurable con el orden horizontal en el que la vida muerta se resuelve en pedazos de materia. Inconmensurable, pues, también, con toda representación de un paso a otra vida: con la resurrección no hay ya muertos que vivan en un reino de sombras, tampoco almas en pena vagando ante un Leteo[10].

En el episodio de Lázaro, el muerto sale de la tumba liado en sus bandas de tela y envuelto en el sudario: no es una escena de un film fantástico, es una parábola de la posición erguida que se levanta en el seno de la muerte. No una erección —ni en un sentido fálico ni en un sentido monumental, aunque esos dos sentidos podrían

10. La comparación del resucitado con un «espectro» es ocasional en algunos textos apócrifos (por ejemplo, la *Epístola a los apóstoles*, 11) pero rara, y está ausente del corpus canónico.

ser retomados y trabajados en este contexto—sino un tenerse-en-pie delante de y en la muerte. Algo consuena aquí con el heroísmo trágico del «morir de pie»[11], igual que con la vida que se mantiene en la muerte del espíritu hegeliano[12]. La diferencia que se introduce sin embargo —una diferencia muy tenue, difícil de precisar— se debe a que la *anastasis* no es o no proviene de sí, del sujeto propio, sino del otro: le viene del otro, o bien depende del otro en él; o también, es en él el levantamiento del otro. Es el otro el que se levanta y quien resucita en mí muerto. Es el otro quien resucita por mí, más que el que me resucita. En otras palabras: «yo he resucitado» no significa una acción que yo haya realizado, sino una pasividad sufrida o recibida. «He muerto» (la frase imposible) y «he resucitado» dicen lo mismo, la misma pasividad y la misma pasión, igual que para decir «he muerto» sería necesario haber

---

11. No se trata sólo de la imaginería de la bravura guerrera, sino del hecho de que la muerte trágica es siempre una muerte en pie, es decir, violenta y no como culminación de un proceso mórbido: el hombre es golpeado o se golpea, la mujer se cuelga. ¿Hay que recordarlo? Antígona es encerrada viva, en pie, con Hemón, en la cueva que debe convertirse en su tumba, y es colgada como la encuentra Creonte cuando se retracta demasiado tarde de su condena.

12. «La vida del espíritu no es la vida que se asusta ante la muerte y se conserva pura de la decrepitud, es al contrario aquella que la soporta y se conserva en ella» (*Phénoménologie de l'esprit*, Aubier, Paris, 1991, p. 48).

«resucitado» como lo entiende la representación de una religión de prodigios naturales. Pero la coincidencia de los dos enunciados testimonia la imposibilidad de que la muerte, lo mismo que la vida, sea simplemente idéntica a sí misma y contemporánea de sí: ni muerto ni vivo, no hay simplemente más que un *presente*. Pero siempre una presentación del uno al otro, hacia el otro o en el otro: la presentación de una partida.

En una palabra: dos sentidos que se vuelven indisociables en nuestra expresión *el levantamiento del cuerpo*.

MÈ MOU HAPTOU —
NOLI ME TANGERE

Leamos ahora todo el texto del episodio:

«María llega al sepulcro. Lo encuentra vacío, y dos ángeles lo ocupan.

Dícenle ellos: 'Mujer, ¿por qué lloras?'. Ella les respondió: 'Porque se han llevado a mi Señor, y no sé dónde lo han puesto'.

Dicho esto, se volvió y vio a Jesús, de pie, pero no sabía que era Jesús.

Le dice Jesús: 'Mujer, ¿por qué lloras? ¿A quién buscas?'. Ella, pensando que era el encargado del huerto, le dice: 'Señor, si tú lo has llevado, dime dónde lo has puesto, y yo me lo llevaré'.

Jesús le dice: 'María'. Ella se vuelve y le dice en hebreo: 'Rabbuní' —que quiere decir: 'Maestro'—.

Dícele Jesús: 'No me toques, que todavía no he subido al Padre. Pero vete donde mis hermanos y diles: Subo a mi Padre y vuestro Padre, a mi Dios y vuestro Dios'.

Fue María Magdalena y dijo a los discípulos

Quintín Metsys. *Magdalena penitente*, Museum of
Art, Filadelfia

que había visto al Señor y que había dicho estas palabras»[1].

La escena está organizada alrededor de la visión: María ha visto primero que la piedra del sepulcro había sido retirada, y toda la escena se desarrolla, a partir de ahí, en una relación con la tumba vacía, con el deseo y el temor de ir allí a ver. María verá a Jesús, éste se dejará ver por ella, porque ella habrá sabido ver en la tumba. Ver lo que no es visible, ver lo que se da a ver solamente a la mirada capaz, a los ojos que ya han sabido ver en la noche de lo invisible, tal es la propuesta que *Noli me tangere* plantea como motivo central: «Tú ves, pero esta vista no es, no puede ser un tocar, si el tocar mismo debiera figurar la inmediatez de una presencia; tú ves lo que no está presente, tocas lo intocable que se mantiene fuera del alcance de tus manos, igual que aquel que ves delante de ti deja ya este lugar del encuentro».

Si los pintores se han sentido atraídos por este episodio cuyo alcance teológico es en prin-

1. Juan 20, 13-18. El episodio de la manifestación a Tomás —el que le toca las llagas— va inmediatamente después. (Me abstendré aquí de todo comentario sobre la traducción, así como sobre las comparaciones con los sinópticos, aparte de aquellas que puedan ser necesarias para mi propósito; del mismo modo, respecto de los cuadros, no pretendo hacer los comentarios que haría un historiador del arte y puede ser que pase por alto determinados aspectos de las obras.)

cipio menor respecto de los grandes símbolos de la fe (anunciación, nacimiento, pasión, resurrección «propiamente dicha»[2], ascensión) es porque pone en escena un ejercicio particularmente delicado y complejo de la visión. Por una parte, todo sucede ante la tumba vacía, en un desviar la mirada desde la tumba, y, por otra, la visión ofrecida es una visión compleja, indecisa primero, después suplida por la palabra y mantenida por último a distancia, no pudiendo ver más que el tiempo de saber que hay que dejar partir esa visión.

Cuando los pintores representan la resurrección «en sí misma», representan un episodio que

2. ¡Si la expresión es posible! Pienso, por supuesto, en Cristo saliendo de la tumba tal como lo representan entre otros Piero, Grünewald o Mantegna. Pero esta representación debería ser analizada, como sugeriré en breve, para que se pueda mostrar que también ahí la percepción pictórica está muy a menudo alejada de la figuración de una «regeneración»: se encontrará en particular el motivo del «estar de pie» en el Cristo que sale de la tumba completamente erguido, como Lázaro, y no como un durmiente o un enfermo que saliera de su lecho. Y por repetirlo una vez más: no una erección, sino un giro de los planos, del horizontal al vertical, un cambio de perspectiva sobre la misma tumba y sobre la misma muerte. Al *horizonte* de la vida finita (el «horizonte» es el límite) se superpone, sin oponerse, un infinito levantamiento. Subir a las alturas y descender a las profundidades es ir hacia la misma *altitudo*, según el doble sentido del término. Pero la doble y vertiginosa «altitud» remite también a la proximidad: aquí mismo, al alcance de la mano, aunque no pueda ser abrazada, está la verdad (cf. Romanos 10, 6-8 y su fuente en Deuteronomio 30, 11-14).

en ningún lugar se da a ver, ni siquiera se sugiere en el Evangelio. Sus cuadros son entonces un intento de afrontar lo invisible, de alguna manera, y de llevar el gesto de ver y de hacer ver hasta el deslumbramiento de la mirada y la incandescencia del tejido (como sucede de manera ejemplar en Grünewald). Al mismo tiempo, el espectáculo se acompaña ahí del deslumbramiento y el aturdimiento de los guardias colocados ante el sepulcro: la resurrección es propuesta como el espectáculo de una fuerza prodigiosa que desplaza la losa y derriba a los hombres, burlándose de las precauciones tomadas por los sacerdotes y los fariseos para impedir que los discípulos roben el cuerpo y simulen una resurrección[3]. La pintura quiere alzarse a la medida de la fuerza deslumbradora y el estruendo silencioso en el que surge, soberano, el primer día del mundo salvado.

Pero las escenas textuales donde aparece el resucitado son mucho más discretas, menos resplandecientes[4], y precisamente, al contrario, están organizadas alrededor del carácter «natural» más que «sobrenatural», familiar más que espectacular, de la venida del resucitado[5]. Cuando hay

3. Mateo 27, 62-66. Este episodio está ausente de los otros evangelios.
4. En Mateo 28, 2-3, es un ángel el que aparece resplandeciente, y no el resucitado, al que no se ve.
5. Lucas 24, 36-43, que se desarrolla en Juan en el episodio de Tomás, tema sobre el que volveremos. Pero el término

estupor y espanto, es porque los discípulos piensan ver un espíritu, y Jesús les invita entonces a tocarle para asegurarse de que está allí en carne y hueso. La creencia espera lo espectacular y se lo inventa si es preciso. La fe consiste en ver y oír allí donde no hay nada excepcional para el ojo y el oído ordinarios. Sabe ver y oír *sin tocar*. Ése es también el tenor del episodio de Emaús[6]: los dos discípulos hablan largo rato con el resucitado sin identificarle, pero cuando le reconocen en la fracción del pan, él desaparece inmediatamente de su vista.

Entre las escenas —fuera del texto— de la resurrección y las escenas de encuentro con el resucitado, hay toda la diferencia que separa a una imaginación que mezcla rasgos de lo simbólico, la alegoría y el misticismo, solicitando su representación, y un relato que invita a comprender lo que ninguna representación sostiene, es decir, a comprender que ninguna presencia presenta el alejamiento en que se ausenta la verdad de la propia presencia.

A este respecto, es preciso subrayar que *Noli me tangere* forma la escena más sutil y conteni-

---

«natural» no debe entenderse aquí en el sentido de un milagro que fuese evidente, es decir, de un «sobrenatural» que se pone la «naturaleza» en bandolera con desprecio de su orden propio. Quiero indicar, por el contrario, que nada aquí contraviene a la naturaleza, manifestándose ahí algo completamente distinto a «naturaleza» o «sobrenaturaleza».

6. Marcos 16, 12-13 y Lucas 24, 13-35.

da. Por eso los pintores han sabido discernir en ella no la visión extática de un prodigio, sino una delicada intriga que se trama entre lo visible y lo invisible, donde cada uno de ellos apela y rechaza al otro, toca al otro y lo aparta de sí. Rembrandt es el que capta esta intriga con mayor claridad. Al elevar la tumba sobre una altura del jardín, pone al mismo nivel, frente a nosotros, a la derecha la boca sombría de la sepultura, a la izquierda la luz potente de un amanecer cuya blancura dorada absorbe el vestido de Jesús, mientras que el manto de Magdalena parece fluir de la sombra y derramarse sobre una tela (quizá el sudario vacío). El conjunto del cuadro está cerca de componer un rostro en un primerísimo plano, un ojo oscuro y el otro brillante (como una especie de guiño del pintor). Entre los dos ojos, el límite de la luz y la sombra perfila el desplome de la roca en la que la tumba está excavada y divide exactamente el rostro de Magdalena captado en el momento de darse la vuelta, en el instante en que descubre a aquel al que no reconoce todavía[7]. Sus ojos se vuelven hacia aquel que también la mira, pero el pintor se las arregla para ofrecernos sus dos rostros casi de frente, como el del ángel de la iz-

7.   Cuando lo ha reconocido, ¿qué ve? Sin duda un jardinero, según su aspecto (que Rembrandt representa con precisión). Y, por consiguiente, sin duda también, siempre *el* jardinero, en efecto. Es también por su boca, por la boca de cualquier hombre vivo, como el Cristo muerto afirma su partida.

41

Rembrandt, *Cristo y María Magdalena en el sepulcro*,
Buckingham, colección de Isabel II, Londres

quierda, también él girado hacia Jesús, mientras que el ángel de la derecha —nuestro representante en la tela— contempla toda la escena.

A decir verdad, Rembrandt, como ya he señalado, no tituló su obra *Noli me tangere*, y sitúa la escena, titulada *Cristo y María Magdalena en el sepulcro*, un instante antes de esas palabras, pero no sin indicar sutilmente, como veremos más tarde, el motivo del contacto físico entre los dos personajes. Pero en ese primer tiempo de la escena es el imposible contacto del día y la noche el que ocupa al pintor: su tangencia sin contacto, su medianería sin mezcla, su proximidad sin intimidad. Así se encuentra alejada toda magia sobrenatural: el resucitado no sale de la tumba, sino que viene del otro lado, igual que el día no viene de la noche, sino que la afronta sin por ello disipar la oscuridad profunda del sepulcro. El misterio de la resurrección no es evocado por alguna glorificación de la carne recompuesta (como cuando Cristo es representado, más bien desnudado, por Tiziano, el Perugino o Baltasar de Echave): se ilumina allí donde se esconde, en un punto de tangencia retirado detrás de la tela como en el silencio del texto, allí donde luz y sombra se intercambian sin tocarse, se dividen rechazándose, allí donde una es la verdad de la otra sin mediación ni conversión de una en otra.

Durero (cuyo grabado, como varios detalles inducen a pensar, era conocido por Rembrandt) ofrece una versión tal vez todavía más sutil del misterio (si el misterio es lo que se ilumina por sí mismo, lo que brilla desde el fondo de la sombra, o bien lo que, desde la sombra, brilla). El sol que surge estriando la noche con sus rayos ilumina la espalda de Jesús y su brazo derecho, cuya mano va a tocar María, con el rostro iluminado y la espalda en la sombra, a la inversa de su Señor. El cuerpo resucitado es terrenal y está en la sombra: su gloria no le pertenece y la resurrección no es una apoteosis, es, al contrario, la *kenosis*[8] continuada, es en el vacío o en el vaciamiento de la presencia donde brilla la luz. Y esta luz no colma el vacío: lo ahueca todavía más, como nos podemos arriesgar a adivinar en la proximidad, en Durero, entre el sol y la pala del jardinero (¿del sepulturero?). La gloria del cuerpo glorioso irradia como la boca abierta del sepulcro, y no contra ella. (En la tela de Fontana Lavinia casi se podría creer que es esta paradoja lo que está representado.)

8. Cf. Filipenses 2, 6-7: *theos ekénosen*, Dios se ha vaciado, se vació de sí mismo en el hombre.

EL JARDINERO

Otro aspecto de la intriga de la visión reside en el error inicial de María Magdalena, que cree ver al jardinero. Para que este error sea posible es necesario que Jesús no sea reconocible, o no lo sea inmediatamente. Ahora bien, María Magdalena lo conocía desde hacía demasiado tiempo para no reconocerlo. La explicación de su equivocación debe quedar indecisa: o bien, en su certeza de no volver a verlo vivo, no dispone de esa «pre-visión» o esquema anterior a la imagen que permite o impone la identificación; o bien el propio Jesús no es en principio reconocible, aunque sea completamente él mismo[1]. Como ya se ha

1. Dejo de lado aquí, para permanecer lo más cerca posible del texto que identifica a Jesús, la hipótesis más arriesgada que he sugerido anteriormente: que se trate únicamente del jardinero. Sea como fuere, es notable que con frecuencia los pintores hayan querido recordar la apariencia del jardinero, al menos por una pala o una laya, que a veces se distingue mal a primera vista. Volveré a ello.

Durero, plancha 32 de *La Pequeña Pasión en madera*

señalado a propósito del encuentro de Emaús, otras escenas de aparición del resucitado están marcadas por la dificultad de reconocerlo, incluso por la evocación de un cambio en sus rasgos[2]. En sentido inverso, el reconocimiento de su aspecto no implicará la adhesión de Tomás, en la escena que sucede a la nuestra en Juan, hasta que el discípulo haya tocado las llagas del ajusticiado.

Estas dificultades en el reconocimiento de Cristo tienen un doble alcance.

Por una parte, todo sucede como si su semejanza consigo mismo estuviera por un momento suspendida y flotante. Es el mismo sin ser el mismo, está alterado en sí mismo: ¿no es así como se aparece un muerto? ¿No es esta alteración a la vez insensible y sorprendente —el aparecer de lo que (del que) propiamente no aparece ya, el aparecer de un *aparecido y desaparecido*— lo que lleva más propia y violentamente la huella de la muerte? El mismo que no es ya el mismo, la disociación del aspecto y la apariencia, la ausencia del rostro en la misma cara, el cuerpo hundiéndose en el cuerpo, deslizándose bajo él. La partida inscrita en la presencia, la presencia presentando su despedida. Él ya ha partido, ya no está allí donde está, ya no es como es. *Está muerto*, es decir, *no es* eso ni aquel que al mismo

2. Los discípulos de Emaús, Lucas 24, 16.

tiempo es o presenta. Él es su propia alteración y su propia ausencia: no es propiamente sino su impropiedad.

Por otra parte, el reconocimiento difícil, incierto, dudoso, remite a la apuesta de la fe. Ésta no consiste en reconocer lo conocido, sino en confiarse a lo desconocido (y sin duda no tomándolo como sustituto de lo conocido: pues eso es la creencia, y no la fe). A este respecto, la sucesión de los episodios en el texto de Juan es instructiva. Está en primer lugar el discípulo (el propio Juan) que «ve y cree» ante la tumba vacía con las vendas y el sudario abandonados. Juan comprende sin ver, pero nada se dice del contenido de su fe. Es como si esa fe consistiera en la confianza prestada al vacío en tanto que tal, sin investigar qué ha sido del muerto. Más allá del *noli* estará el episodio de Tomás: Jesús le dirá que es bienaventurado por haber creído, pero que no lo es tanto como aquellos que creyeron sin ver (en esta escena se plantea la equivalencia de «ver» y «tocar»: el tocar es ahí la confirmación o el cumplimiento de la vista). La fe de Tomás se enuncia en términos expresos. Dice Tomás: «Señor mío y Dios mío».

Entre los dos, María Magdalena es aquella cuya vista sin clarividencia es devuelta (por usar una palabra* de la que el texto hace un uso su-

---

* *Retournée. Retourner*, «girar», «darse la vuelta», pero

48

til[3]) por la voz de Jesús. Ella no lo ha reconocido en tanto se ha dirigido a él como jardinero, para preguntarle si sabe dónde está el cuerpo del Maestro, pero cuando éste, en lugar de responderle, pronuncia su nombre —«María»—, ella lo reconoce y lo llama, en hebreo en el texto, como precisa Juan, con el nombre de «Rabbuní», que marca a la vez su respeto y su familiaridad con él. Por consiguiente, María Magdalena no estaría ni en la fe ante el vacío ni en la adhesión generada por la constatación. Ella cree porque oye. Oye la voz que dice su nombre. Oye al que no se dirige más que a ella. Oye esa voz que desmiente el aspecto del jardinero, pero, sin embargo, no se dice que su vista cambie. Ella responde solamente a la voz de aquel que mantiene el mismo aspecto.

Los pintores han comprendido la importancia del «jardinero» dotando a Jesús, muy a menudo, con los atributos de ese oficio: una pala, una laya, una hoz, un sombrero de paja. Cuando su rostro está en la sombra, como en Durero, la intención puede ser la de indicar la dificultad de

también «devolver», «responder», entre otros significados, es un término cuya polisemia impide mantener una traducción fija. El autor lo utiliza en diversas ocasiones en relación con la actitud de María Magdalena. *(N. de los T.)*

3. Sobre este punto, hay un delicado problema de interpretación, puesto que según las versiones (griega o siríaca) María Magdalena se vuelve una sola vez o dos veces.

distinguir sus rasgos. Sin embargo, la pala o el sombrero no pertenecen más que al pensamiento de la mujer que cree que es el jardinero. Esos atributos son en la imagen la representación de la creencia, o de la ilusión. En cuanto a la fe, incumbe precisamente a lo que ninguna creencia puede proporcionar ni desmentir.

Los atributos del jardinero rara vez están ausentes. Es el caso de Giotto, Duccio o Schongauer, por ejemplo. Jesús aparece entonces exclusivamente como Cristo, Mesías y Salvador. La yuxtaposición de las obras que representan a un Cristo portador de los emblemas de la realeza mesiánica y aquellas, más numerosas, que proponen a un jardinero[4] tiene una fuerza luminosa. En cierto sentido, es el mismo Cristo. En otro, el Mesías en tanto que resucitado (es

4.   No se puede afirmar que la representación del jardinero se acentuara a medida que nos alejamos de Giotto, pues se encuentra también en las iluminaciones o grabados anteriores. Pero no se puede negar sin embargo que esta representación supone también un aspecto pintoresco y anecdótico que seduce más a los pintores más alejados de la religión. Habría que considerar además todas las mezclas que se practican: semijardinero, semi-Mesías, semivestido (como debe estar el jardinero), semidesnudo (como debe estar el cuerpo que se ha desprendido del sudario), y las combinaciones a las que esos datos recurren mediante el dibujo y el color. Resulta fascinante esta circunstancia que hace que un problema teológico —¿cómo hay que representar el cuerpo glorioso?— proporcione y combine tantos pretextos para elaboraciones iconográficas.

decir, la decepción del Mesías triunfante en la tierra[5]) no es otro que el primer jardinero que aparece. No hay nada que cambiar en su aspecto, no hay por tanto nada que cambiar en lo que ve María Magdalena, y lo que ve no es un error. Sí, como lo dibuja Durero, la pala que cava la tierra está contigua al sol levante. Sí, María ve al jardinero, el hombre ordinario que sucede al otro hombre ordinario y muerto cuya tumba abierta expone la ausencia insondable.

La fe de María se apoya en esta confianza: que aquel que la llama no llama a nadie más que a ella, y en la fidelidad a esta nominación. «María» resuena aquí como «Abraham» resonó antaño. «Quien tenga oídos» significa ante todo: oye quien oye que eso se dirige a él (a ella). Es decir, a nadie más. «Oye que yo te llamo, y que te llamo para que vayas a decir a los otros que me marcho. No oigas nada más: tú, sólo tú, y mi partida. No te doy nada, no te revelo nada, tú no ves más que al jardinero. Ve a repetir esto, que me he ido.» Y como Abraham, María no manifiesta su fe por constataciones, hipótesis o

5. El que los discípulos esperarán todavía en el último momento antes de su partida, y que les responderá que no se trata de ese triunfo, o al menos no como ellos lo imaginan (cf. Hechos 1, 6-8).

6. María no piensa: «Si dice mi nombre es que..., etc.», como tampoco Abraham supuso: «Si Dios es Dios, salvará a mi hijo»; ella y él se van, *ellos van allí* (*ils y vont*) como se dice...

cálculos[6]. Ella se va. La respuesta a la verdad a punto de partir es partir con ella.

(cf. a este respecto la diferencia de las interpretaciones de Abraham entre Pablo y Santiago: en Pablo, la fe de Abraham parece una valoración que permite «creer» que Dios será benevolente, en Santiago la fe está toda entera en el acto de partir por orden de Dios, no en una operación reflexiva). (Preciso este análisis en «Le judéo-chrétien», Actas del Coloquio *Judéites, questions à Derrida*, celebrado en 2000 en el Centro comunitario israelita de París, publicadas en 2003 en Galilée.)

LAS MANOS

Al poner el acento en el tocar, la traducción latina, y luego moderna, sugiere necesariamente un recurso a las manos por parte de los personajes. Se toca con la mano, y es la mano lo que se toca en primer lugar. En muchas culturas, y en todo caso en la de los pintores del Occidente moderno, tocar la mano es el tocar mínimo, aquel que no compromete ninguna intimidad pero señala una disposición pacífica, incluso benévola (*touchez là!**, se decía en francés clásico para concluir un acuerdo o terminar con una diferencia).

En la mayoría de sus representaciones pictóricas, *Noli me tangere* da lugar a un notable juego con las manos: acercamiento y designación del otro, arabesco de dedos afilados, oración y bendición, esbozo de roce, de toque ligero, indicación de prudencia o advertencia. Siempre esas manos dibujan una promesa o un deseo de tener-

---

*   Literalmente «¡toca!», con el sentido de «¡chócala!», «estrecha mi mano». *(N. de los T.)*

se o retenerse, de unirse unos a otros: en verdad, a menudo no sólo están en el centro del dibujo, sino que son como el dibujo mismo, como las manos del pintor que dispone y que maneja el perfilado de sus dedos y sus palmas. La mano ha asumido con frecuencia en la pintura clásica un papel determinante en la organización del dibujo, como un signo de segundo grado que ordena, incluso determina el valor de los otros signos de la escena. En esta escena todo parece pensado, con mucha frecuencia, para salir de las manos y volver a ellas: pues esas manos son en efecto los signos y las señales de la intriga de una llegada (la de Magdalena) y una partida (la de Jesús), manos listas a unirse pero ya desunidas y distantes como la sombra y la luz, manos que intercambian saludos mezclados con deseos, manos que muestran los cuerpos tanto como señalan al cielo.

Las manos de María Magdalena se tienden hacia Jesús en una actitud de petición: más bien abiertas y las palmas hacia arriba, van hacia él, tratan de cogerle o al menos de recoger de él, en el borde de su cuerpo o de sus ropas, algo de su presencia. Las manos de Jesús, en cambio (esas manos marcadas a veces por el pintor con los estigmas de los clavos), se tienden a menudo hacia la mujer en un gesto de una notable indecibilidad: al mismo tiempo la bendice y la mantiene a distancia. Estamos seguros de que no la abrazará, ni siquiera pondrá sus manos en las suyas: pues si la saluda por su nombre y si le hace el don de su aparición, no es para conservarla, sino para enviarla a anunciar la buena nueva. Así como él parte, ella debe partir también a anunciar la noticia. Es ella, aquí, la primera enviada, la primera mensajera en dirigirse a aquellos —los «hermanos»— que se encargarán de difundir el mensaje. Muy a menudo las dos manos de Cristo señalan, en oblicuo, en las dos direcciones: una apunta hacia el cielo, la otra detiene a la mujer para dirigirla hacia su misión.

Pero sucede también que sus manos lleguen a tocarla. No siempre es fácil llegar a esta conclusión, pues en algunos cuadros la superposición de planos sin profundidad clara no permite saber si una mano toca o si solamente está en un primer plano: ejemplar a este respecto es el cuadro de Tiziano, en el que se puede considerar que la mano derecha de la mujer pasa por delante del lienzo o como rozándole, tanto más cuanto que Jesús está recogiendo ese lienzo contra él como para proteger su cuerpo (incluso para proteger su sexo, que ya recubre, subrayándolo, el clásico *épizonion* del crucificado, circunstancia muy excepcional en la serie de los *Noli*...). Sucede lo mismo en Pontormo, Alonso Cano, o bien en uno de los frescos de Giotto, donde las manos de María están en contacto con los rayos de la gloria. No es necesario, pero se recomienda

Alonso Cano, *Noli me tangere*, Szépmúvéstezti Múzeum,
Budapest

—si me está permitido expresarme así— pensar que la ambigüedad es querida, y que somos invitados a considerar que toda superposición de planos tiene el valor de un contacto. Es como si los pintores se las ingeniaran para girar en torno a la ambigüedad narrativa y semántica de la frase «No me toques». Pues se puede suponer que sucede a un contacto, a un primer gesto vivo de María que ha sorprendido a Jesús, aunque también pueda ser pronunciada para prevenir un gesto que el hombre ve venir. Esta segunda versión parece la adoptada con mayor frecuencia por los pintores, pero dista mucho de tratarse siempre de los más notables.

A menudo, por el contrario, la fuerza propia de una pintura va a la par con una audacia particular en el tratamiento de ese acto de tocar o de ese toque. Así sucede a menudo cuando los dos personajes se tocan o se rozan (Pontormo, Durero, Cano), o bien cuando María Magdalena, en un número aproximadamente igual de casos, toca a Jesús (Tiziano, Giotto), o bien, finalmente, cuando, en algunos casos excepcionales[1], Jesús toca a la mujer de una manera que casi

1. Por si es preciso recordarlo, no pretendo haber hecho el inventario de la totalidad de las representaciones de la escena en la historia de la pintura, y tampoco he encontrado las imágenes de todas las referencia que he podido obtener (por ejemplo, la de los cuadros de Metsu y Mignard). Por otra parte, no era posible incluir en este volumen todas las imágenes.

nos atreveríamos a decir insistente: es una vez en Pontormo (copiado por el Bronzino)[2], que se atreve nada menos que a pintar o hacer asomar el índice de Cristo contra el seno de María, y es en otros dos artistas, Durero y Cano, así como en la pintura anónima de Saint-Maximin, donde Cristo pone la mano sobre su cabeza de manera visible, si no ostensible.

Nada prohíbe pensar que para detener o para rechazar suavemente un gesto de la mujer, el hombre la toca. Sería sin embargo más verosímil que con ese objetivo le cogiera las manos. Al hacer otro gesto distinto, se convierte en el que toca, y el sentido de su frase se encuentra por tanto desplazado: «No me toques, pues soy yo quien te toca». Y ese tocar se deja entender, si se quiere pasar en el pensamiento de un cuadro a otro, o superponer sus motivos, como una combinación muy singular de distancia y de ternura, de bendición y de caricia. «No me toques, pues yo te toco, y este toque es tal que te mantiene alejada»[3].

2.   El propio Pontormo copiaba un cuadro de Miguel Ángel, hoy perdido.
3.   En la basílica de Saint-Maximin, en Provenza, allí donde la leyenda sitúa la llegada de María Magdalena procedente del desierto egipcio, se supone que una ampolla de cristal contiene un fragmento de su piel, y esta reliquia es denominada «el *noli me tangere*». En el mismo lugar se encuentra el cuadro anónimo mencionado anteriormente.

El amor y la verdad tocan rechazando: hacen retroceder a aquel o aquella a quienes alcanzan, pues su alcance revela, en el mismo toque, que están fuera del alcance. Es por ser inalcanzables por lo que nos tocan y nos hieren. Lo que acercan a nosotros es su alejamiento: nos lo hacen sentir, y ese sentimiento es su propio sentido. Es el sentido del tacto lo que ordena no tocar. Es tiempo, en efecto, de precisarlo: *Noli me tangere* no dice simplemente «no me toques», sino más literalmente «no quieras tocarme». El verbo *nolo* es el negativo de *volo*: significa «no querer»[4]. También en esto la traducción latina modifica el griego *mè mou haptou* (cuya trasposición literal hubiera sido *non me tange*)[5]. *Noli*: no lo quieras, no pienses en ello. No solamente no lo hagas, sino, si lo haces (y tal vez María Magdalena lo hace, quizá su mano está ya puesta sobre la mano de aquel al que ama, o en su vestido, o en la piel de su cuerpo desnudo), olvídalo de inmediato. No tienes nada, no puedes tener ni

4. Su segunda persona del presente de indicativo tiene por otra parte la forma *non vis*.
5. Sin embargo, y si Jerónimo, al redactar el texto latino, sigue aquí el uso acostumbrado, *noli* es expresión de un rechazo, o de una prohibición cortés, exactamente como el francés *veuillez ne pas toucher* [«por favor no me toques», pero más literalmente «quiere no tocar» o «no quieras tocar»]. Poner el acento sobre el «no quieras» responde a una violencia interpretativa. Es legítima, a condición de que no se disimule.

retener nada, y he aquí lo que necesitas amar y saber. He aquí lo que corresponde a un saber de amor. Ama lo que se te escapa, ama a aquel que se va. Ama que se vaya.

MARÍA DE MAGDALA

María de Magdala —de la que hemos hecho
«María Magdalena»— tiene todas las razones
para ser la primera a quien el resucitado se muestra, aunque sea para hurtarse enseguida a ella, y
todas las razones también para ser la persona a
la que encarga ir a anunciar lo que ha visto, o lo
que ha creído ver[1].

La historia de María de Magdala durante la
vida de Jesús anunciaba de dos maneras el encuentro ante la tumba abierta[2]. Por una parte es

1. Sobre el nacimiento de la tradición que hace de ella el
primer testigo de la resurrección, y que a veces la ha identifica-
do en este papel con la madre de Jesús, véase François Bovon y
Pierre Geoltrain (eds.), *Écrits apocryphes des chrétiens*, vol. I,
Gallimard, Paris, 1997, las notas a 8, 2 y 11, 1-3 del *Libro de
la resurrección de Bartolomé* y a 8, 2 de los *Hechos de Felipe*.

2. Otra violencia de la interpretación: un uso frecuente
quiere que se asimile en la misma María de Magdala a personajes quizá muy diferentes dentro de los textos. Se hace así
más notable y más compleja la figura de la mujer a la que está
dirigido el *noli*. Su historia singular se convierte en una parábola tejida a lo largo de la historia crística. La discusión sobre
las identidades de las diversas Marías (aparte de la madre de

Pedro de Mena. *María Magdalena penitente*, Museo Nacional de Escultura, Valladolid

la hermana de Lázaro, y es ella quien se precipita hacia Jesús para que devuelva la vida a su hermano[3]. En aquella ocasión mostró ya qué confianza ponía en su Señor: no la credulidad que algunos prestan a supuestos taumaturgos, sino la seguridad de que el muerto puede todavía levantarse y caminar, de que en verdad no deja de hacerlo, como hacen todos los muertos, pues todos caminan con los vivos. Los muertos están muertos, pero en tanto que muertos no dejan de acompañarnos, y nosotros no dejamos de partir con ellos. De partir a ninguna parte: de partir, absolutamente, de ir desde el fondo de la tumba hasta el fondo sin fondo en el que no se deja de avanzar sin que sin embargo se haga camino hacia ningún destino.

Caída a los pies de Jesús, María le había dicho: «Señor, si hubieras estado aquí, mi hermano no habría muerto». Repite de esta manera, sin saberlo, la frase que Jesús ha dicho un poco antes a su hermana Marta: «Yo soy la resurrección»[4]. En su presencia, la muerte no puede limitarse a la cesación de la vida: deviene la vida misma en la inminencia ininterrumpida del hecho de ausentarse.

Jesús) está muy documentada en la literatura exegética. Cf. una obra reciente: Pierre-Emmanuel Dauzat, *L'invention de Marie-Madeleine*, Bayard, Paris, 2001. Evidentemente, no realizo aquí mi exégesis personal: extrapolo libremente.
3. Juan 11, 31-32.
4. Cf. *supra*, nota 8, p. 31.

Más tarde, Jesús había vuelto a Betania y había cenado con sus discípulos, Marta, Lázaro y María. Ésta había cogido un valioso perfume para ungir los pies de Jesús, antes de secarlos con sus cabellos. Uno de los discípulos, Judas[5], le había censurado haber empleado ese perfume sin provecho alguno en lugar de venderlo y dar el importe a los pobres. Jesús había replicado: «Déjala que lo guarde para el día de mi sepultura»[6]. María Magdalena está desde siempre en la proximidad de la muerte en general, y por tanto también de la de Jesús. Ella, que, en otro episodio también muy conocido, había «elegido la parte buena»[7] al permanecer sentada cerca del maestro en lugar de afanarse como su hermana Marta en las tareas domésticas, es la que desde siempre distingue, comprende y elige la parte que no es de este mundo. Que sea por otra parte considerada una mujer de mala vida[8] responde a esta para-

5. El texto precisa entonces «el que le había de entregar» (12, 4); el episodio se sitúa en efecto antes de la Pascua.
6. 12, 7. Según el apócrifo *Vida de Jesús en árabe* (7, 1-2), ese frasco de perfume contenía el prepucio circunciso de Jesús (véase el texto en *Écrits apocryphes des chrétiens,* cit.).
7. En Lucas 10, 38-42.
8. La costumbre de hacer de ella una prostituta se apoya, por una parte, en Marcos 16, 9: «Jesús resucitó en la madrugada, el primer día de la semana, y se apareció primero a María Magdalena, de la que había echado siete demonios» (cf. Lucas 8, 2); por otra y ante todo, en Lucas 7, 36-49, donde figura un episodio del perfume derramado sobre los pies de Jesús por una «pecadora». La confusión de las Marías engloba

doja: la «buena vida» no es la que se conforma a las buenas costumbres (se puede pensar también en la mujer adúltera, el hijo pródigo, etc.), sino la que en esta vida y en este mundo se mantiene también en la proximidad a lo que no es de este mundo: a ese fuera del mundo que es el vacío de la tumba y el vacío de dios, el vacío abierto en dios o bien como «Dios» mismo por traer el hombre al mundo, por traer el mundo al mundo.

María Magdalena es aquella que más ostensiblemente tocó a Jesús, ungiéndolo con perfume; unción que responde al título de «cristo» (ungido, *messiah*), pero que lo hace de ese modo en definitiva inverso (¿paródico?, ¿crítico?, ¿deconstructor?), reemplazando el aceite santo por

también a una mujer no nombrada... y es *la* María Magdalena ejemplar, surgida de esta elaboración de leyenda a través de los textos en sí mismos heterogéneos de los diversos evangelios, la que será representada como penitente en el desierto de Egipto, yendo a establecerse y a morir en Provenza, etc. Como se sabe, el motivo de Magdalena en el desierto ha proliferado en la pintura, portador del oxímoron de la carne pecadora y la fe ferviente. A menudo los pintores colocan un cráneo cerca de la penitente en el desierto, al mismo tiempo que la desnudan hasta medio cuerpo bajo su cabellera (Tiziano es ejemplar en el tema con su Magdalena de Florencia, cuyos ojos están vueltos hacia el cielo mientras que su inmensa caballera se desparrama sobre sus senos). La carne, la muerte, el amor, componiendo el ser-en-este-mundo-fuera-del-mundo, ésa es la clave de María Magdalena. Es también una de las claves de los evangelios, en los que las prostitutas son, con los pobres, y según una tradición iniciada en el Antiguo Testamento, las más próximas al «reino de Dios».

un perfume sensual y haciendo la unción sobre los pies y no sobre la cabeza. Unción verdadera, sin embargo, embalsamando por adelantado el cuerpo de Jesús, anticipando su muerte y su resurrección, anticipando su cuerpo glorioso al conferirle durante su vida la gloria insensata de ser perfumado por una mujer galante.

Rembrandt, una vez más, es tal vez el único pintor, si no en haberse acordado del episodio del perfume, al menos en haberlo recordado en la escena de la tumba. Pues si en otros pintores del *Noli*... María Magdalena está acompañada del frasco de perfume, que por otra parte es uno de sus emblemas canónicos en los cuadros en los que está sola (*Magdalena penitente*, etc.), como en Raggi, Juan de Flandes o Fontana Lavinia, y si ese frasco está igualmente presente en Rembrandt[9], es éste, sin embargo, el único en evocar el asunto del perfume colocando cerca de la mano izquierda de la mujer la pierna y el pie extendidos de uno de los ángeles, como dispuesto para ser lavado y secado[10]. A causa de la postura

9. Ese mismo frasco puede, por otra parte, representar a la vez aquel en que Nicodemo llevó las plantas aromáticas a la tumba en la escena anterior (Juan 19, 39) y el que sirve de emblema a María Magdalena.

10. Magnasco pone también una mano de la mujer cerca de un pie de Jesús, y no lejos del frasco. Pero la alusión es menos clara, pues el pie pisa tierra. El del ángel, en Rembrandt,

del ángel y de la sustitución de Jesús por dicho ángel, la alusión no anda lejos de tener un carácter juguetón o de estar dispuesta como un guiño. Pero no por ello deja de tener, o tiene incluso más, un carácter particularmente elaborado: el pie que la mano de la mujer podría tocar sale de la tumba, o, más bien, marca su umbral. La mano, el pie, el frasco y una vez más el límite de la división entre sombra y luz (en el borde de la tumba) reúnen en ese lugar del cuadro lo que relaciona su escena con la de la unción: «No me toques, pues ya me has tocado y conservo sobre mí tu perfume, igual que él me guarda en la muerte, igual que tu embalsamamiento me mantiene muerto y guarda esta verdad insensata de la tumba; no me toques, ya está, tu perfume precioso está extendido, déjame partir y parte a tu vez a anunciar que parto».

Hay que recordar, además, que las plantas aromáticas o los perfumes, en el contexto de la sepultura, están destinados a prevenir lo que Dostoievski llama «el olor deletéreo» en *Los hermanos Karamazov*. Ahora bien, se dice de Lázaro que, el cuarto día después de su muerte (un día más que Jesús...), «ya olía». Jesús no habría olido. El perfume de María Magdalena habría despren-

---

no tiene por el contrario ninguna razón visible para encontrarse allí, y su presencia puede considerarse incluso algo forzada.

dido por adelantado su «olor de santidad», que es otro aspecto del cuerpo glorioso[11]. El insensato Nietzsche exclamó: «¡No olemos todavía nada de la putrefacción divina — los dioses también se pudren! ¡Dios ha muerto! ¡Dios sigue muerto!»[12]. Dios sigue muerto, sin ninguna duda; pero es precisamente de esa putrefacción divina de la que, en su principio y en su incesante movimiento de autodeconstrucción, se separa esa muerte de Jesús que no hace revivir a Dios, como tampoco a ningún hombre: habla de otra muerte y de otra vida, de una *anastasis* o de una *gloria* que formarían como el olor —la sensibilidad, la sensualidad— de la muerte insensible e irreparable, su «divinidad» en tanto que su «feminidad», es decir, por retomar otra vez la palabra, su «santidad».

Pero la santidad hay que verla o sentirla, hay que tocarla. María Magdalena es aquí la única en haber visto a los ángeles en la tumba. Los discípulos que la habían precedido tenían ojos que no veían en esa oscuridad. Ella, en cambio, ve. No disipa la noche de la tumba: ve allí la presencia de aquellos que guardan la ausencia, y que la guardan

11. Esta expresión, nacida mucho más tarde, traducía la creencia de que el cadáver de un santo no desprendía olor de putrefacción, sino, por el contrario, un aroma agradable. Cf. J.-P. Albert, *Odeurs de sainteté. La mythologie chrétienne des aromates*, EHESS, Paris, 1990.

12. *La gaya ciencia*, § 125.

ausente. Habiendo sabido ver en la tumba como no hacía mucho había sabido ver ya muerto, para perfumarlo, el cuerpo de aquel que todavía vivía, María sabe ahora oír la voz que la llama por su nombre. Ve la vida en la muerte porque ha visto la muerte en la vida. No es que una sea la verdad de la otra, sino que, al contrario, la verdad, separándose de las dos, no se deja reducir ni a una ni a otra. La verdad no se deja reducir de ningún modo. No se deja tocar ni retener. No se trata de ver *en* la tiniebla, y por tanto a pesar de ella (recurso dialéctico, recurso religioso): se trata de *abrir los ojos en la tiniebla* y de que éstos sean invadidos por ella, o bien se trata de sentir lo insensible y ser aprehendido por ello.

Si María Magdalena es ese personaje, tan singular entre los personajes de los evangelios, y por esta razón también pintada tantas veces como penitente o arrepentida, rezando en el desierto junto a una calavera, y casi siempre con los cabellos sueltos y sin velo —signo de su vida galante así como de su gesto sobre los pies de Jesús, firmando ese gesto extraño de gracia y voluptuosidad—, no es por otra razón que ésta: ella conjuga la caricia y el homenaje como la vida y la muerte, como la mujer y el hombre, como la ligereza y la gravedad, como el aquí y el otra parte, sin pasar de uno al otro, sino compartiéndolos sin mezclarlos, uno contra el otro, por un tocar que se aparta y que se impide a sí mismo. Se convierte de alguna manera en la santa por excelencia porque se mantiene en ese punto en que el tocar del sentido es idéntico a su retirada. Es el punto del abandono: ella se abandona a una presencia que no es más que un acto de partir, a una gloria que no es más que tiniebla, a un olor que no es más que frialdad. Su abandono procede tanto del amor como del abatimiento, sin que uno subraye al otro, pues la simultaneidad de los dos constituye el levantamiento de ese momento mismo, un levantamiento que desaparece levantándose.

NO ME TOQUES

Esto sería una parábola. El resucitado sería como el jardinero del jardín de la tumba. Conoce el vacío de la tumba. No se asusta de él, mantiene el jardín, cuida los accesos a la muerte, sin pretender no obstante acceder a ella. Sabe que los muertos no vuelven. Cuida el aspecto del entorno de su ausencia. Cultiva, no su recuerdo, sino lo inmemorial de la partida y de la procedencia, mezcladas la una con la otra. Se ocupa de que los accesos estén calmos y limpios, desprovistos de deseos prodigiosos y de reanimación de las sombras, exentos de olor deletéreo, pero también de inciensos embotadores. La resurrección no es una reanimación: es la prolongación infinita de la muerte que desplaza y desinstala todos los valores de presencia y ausencia, de animado e inanimado, de alma y cuerpo. La resurrección es la extensión de un cuerpo a la medida del mundo y del acercamiento de todos los cuerpos.

Los cuidados del jardinero no forman un culto, sino una cultura. La cultura en general —toda cultura humana— abre la relación con la muerte, la relación abierta por la muerte sin la cual no habría relación, sino solamente una adherencia universal, una coherencia y una coalescencia, una coagulación de todo (una putrefacción siempre vivificante para nuevas germinaciones). Sin la muerte no habría más que contacto, contigüidad y contagio, propagación cancerosa de la vida que, por consiguiente, no sería ya la vida; o bien sería sólo la vida, no la *existencia*, no sería más que una vida que no sería al mismo tiempo la *anastasis*. La muerte abre la relación: es decir, el compartir la partida. Cada uno viene y parte sin fin, incesantemente. Pero esta revelación no desvela nada, y, sobre todo, no una transfiguración del muerto en vivo. (La «transfiguración», o la «metamorfosis», que es el término griego, es un episodio muy distinto de la leyenda, que constituye como una anticipación de la gloria de Cristo muerto. Pero, precisamente, ese episodio muestra que no se trata de establecerse en la gloria[1]: no se puede más que estar, fugitivamente, expuesto a su resplandor. Fugitivamente: muy exactamente, entre la vida y la muerte, o bien entre el tocar y el retirarse.)

1. Cf. Mateo 17, 2 s. y Marcos 9, 2 s.

La revelación, esa revelación cuya culminación y última palabra debe ser la resurrección, revela que no hay nada que mostrar, nada que hacer surgir de la tumba, ninguna aparición, ninguna teofanía ni epifanía de una gloria celestial. No hay, pues, tampoco última palabra. No hay ni siquiera «adiós» ni «saludo» entre Jesús y María Magdalena. Y si su pareja representa a una pareja de amantes místicos, como han pretendido numerosas tradiciones y poemas, esos amantes gozan uno del otro separándose.

El cuerpo glorioso es a la vez el que parte y el que habla, el que no habla más que partiendo, el que se desvanece, desvaneciéndose tanto en la oscuridad de la tumba como en el aspecto ordinario del jardinero. Su gloria no irradia más que para los ojos que saben ver, y esos ojos no ven nada más que al jardinero. Pero éste habla, y dice el nombre de aquella que llora al desaparecido. Decir el nombre es decir eso mismo que muere y no muere. Es decir lo que parte sin partir (lo que a menudo queda grabado sobre la tumba). El nombre parte sin partir pues lleva la revelación de lo infinitamente finito de cada uno. «¡María!» revela a María a sí misma, revelándole a la vez la partida de la voz que la nombra y el encargo al que su nombre la compromete: que ella parta a su vez y anuncie la partida. El nombre propio habla sin hablar, puesto que no significa, pero designa, y aquel o aquella a quien designa queda infinitamente por detrás de todo significado.

Cada uno resucita, uno por uno y cuerpo por cuerpo, tal es la lección difícil, la oscuridad del pensamiento monoteísta tal como fue cultivado desde Israel al islam pasando por el Evangelio. La resurrección designa lo singular de la existencia, y ese singular como el nombre, el nombre como el del muerto, la muerte como la que separa el significado del nombre. Ser nombrado es estar partiendo y dejar el sentido desde su borde, al que no se habrá, en verdad, ni siquiera abordado.

No se habrá tocado el sentido, he aquí la verdad, y es esto lo que constituye el sentido abierto pero indestructible de *la vida/la muerte, el jardín/la tumba*. Tan sólo es necesario tener oídos para oír lo que dice el jardinero, ojos para ver (en) el vacío resplandeciente del sepulcro, nariz para oler lo que no huele a nada.

«No me toques, no me retengas, no trates de tener ni de retener, renuncia a toda adherencia, no pienses en una familiaridad ni en una seguridad. No creas que hay una seguridad, como quería Tomás. No creas, de ninguna manera. Pero permanece firme en esa no creencia. Permanécele fiel. Permanece fiel a mi partida. Permanece fiel a lo único que queda en mi partida: tu nombre que yo pronuncio. En tu nombre no hay nada que coger ni apropiarte, pero hay esto: que te es dirigido desde lo inmemorial y hasta lo inacabable, desde el fondo sin fondo siempre partiendo.»

Dos cuerpos, uno de gloria y otro de carne, se distinguen en esta partida y en ella se pertenecen recíprocamente. Uno es el levantarse del otro, el otro es la muerte del uno. Muerte y levantamiento son la misma cosa —«la cosa», lo innombrable— y no son la misma cosa, pues no hay aquí mismidad. Lo que sucede con el cuerpo, con el mundo en general, cuando se sale del mundo de los dioses, es una alteración del mundo. Allí donde había un mismo mundo para los dioses, los hombres y la naturaleza, hay a partir de ahora una alteridad que atraviesa el mundo de parte a parte, una separación infinita de lo finito, una separación de lo finito por lo infinito. Así con la carne que la gloria separa de sí misma. La posibilidad de la decadencia carnal está dada ahí con la posibilidad de la gloria. Lejos de que sobrevenga una moral para reprimir la carne, es en principio la constitución de la carne en división consigo misma lo que hace posible la invención de esa moral. Esta división —el pecado y la salvación— no proviene de otro lugar que del desvanecimiento de las presencias divinas que aseguraban la unidad homogénea de un mundo. De ello se sigue igualmente que lo «divino», en adelante, no tiene ya lugar ni en el mundo ni fuera del mundo, pues no hay otro mundo. Lo que «no es de este mundo» no es de ninguna otra parte: es en el mundo la abertura, la separación, la partida y el levantamiento. Tampoco la «revelación» es el surgimiento de una gloria celestial: consiste por el contrario en la partida del cuerpo levantado en gloria. La revelación está en el ausentarse, y no es aquel que parte quien revela, sino aquella a la que él confía la tarea de ir a anunciar su partida. Para terminar, es el cuerpo carnal el que revela el cuerpo glorioso, y por eso los pintores podrán pintar el cuerpo sensual de María Magdalena hasta en su retiro de penitente próxima a la muerte[2]. *Noli me tangere* constituye la palabra y el instante de la relación y la revelación entre los dos cuerpos, es decir, de un solo cuerpo infinitamente alterado y expuesto en su tumba como en su levantamiento.

¿Por qué, pues, un cuerpo? Porque sólo un cuerpo puede ser abatido o levantado, porque sólo un cuerpo puede tocar o no tocar. Un espíritu no puede hacer nada de eso. Un «puro espíritu» ofrece solamente el indicador formal y vacío de una presencia enteramente cerrada sobre sí. Un cuerpo abre esta presencia, la presenta, la pone

2. Algunas *Magdalena en el desierto* muestran un cuerpo envejecido, marchito pero siempre seductor, indiscerniblemente voluptuoso y ascético: así la de Ribera en el museo de Montpellier.

fuera de sí, la aleja de sí misma y por ese hecho la lleva con otros: así, María Magdalena deviene el cuerpo verdadero del desaparecido.

EPÍLOGO

El pintor que pinta la escena añade: mis manos
se extienden hacia la aparición que no aparece,
hacia la partida que deshace toda la escena, hacia
la semejanza que no se deja reconocer, hacia la
oscuridad que comparte con la luz su sustraer-
se a la representación, hacia una tela y hacia un
motivo que me repite: «No me toques».

Es esencial a la pintura no ser tocada. Es
esencial a la imagen en general no ser tocada.
Es su diferencia con la escultura; o, al menos,
ésta puede ofrecerse alternativamente al ojo y a
la mano, así como al caminar que da vueltas a
su alrededor, aproximándose hasta tocar y alejándose para ver. Pero ¿qué es la vista sino, sin
duda, un tocar diferido? Pero ¿qué es un tocar
diferido sino un tocar que aguza o que destila sin
reserva, hasta un exceso necesario, el punto, la
punta y el instante por el que el toque se separa
de lo que toca en el momento mismo en que lo
toca? Sin esa separación, sin ese retroceso o esa

retirada, el toque no sería ya lo que es y no haría ya lo que hace (o bien no se dejaría hacer lo que se deja hacer). Comenzaría a cosificarse en una aprehensión, en una adhesión, una unión, incluso en una aglutinación que lo agarraría en la cosa y a la cosa en él, emparejándolos y apropiándolos uno al otro, y después al uno en el otro. Habría identificación, fijación, propiedad, inmovilidad. «No me retengas» equivale también a decir: «Tócame con un toque verdadero, retirado, no apropiador, y no identificante». Acaríciame, no me toques.

No es que Jesús se niegue a María Magdalena: es que el verdadero movimiento de darse no es entregar una cosa para que sea agarrada, sino permitir el toque de una presencia, y por consiguiente el eclipse, la ausencia y la partida según los cuales, siempre, una presencia debe ofrecerse para presentarse. Se lo podría analizar detenidamente: si yo me doy como una cosa (tal como habitualmente se entiende esta fórmula), si yo me doy como un bien apropiable, yo permanezco, «yo», detrás de esa cosa y detrás de esa donación, yo las vigilo y me distingo de ellas (y esto, tal vez, aunque yo me «sacrifique», como se suele decir, pues «sacrificándome» me doy también un valor sagrado, y la donación me es devuelta con interés...: al menos es una interpretación que no se puede nunca simplemente excluir). Si me doy apartando el toque, invitando así a buscar más lejos o en otra parte y como en el hueco del mismo toque —¿pero no es eso lo que hace toda caricia?, ¿no es la pulsación del beso o del besar que se aparta y se retira?— yo no domino esa donación, y aquella o aquel que me toca y se retira, o bien al que o a la que retengo antes de su toque, ha retirado realmente de mí un resplandor de (mi) presencia.

El pintor pintando las manos extendidas de María, pintando así sus propias manos tendidas hacia el cuadro —hacia el toque justo, hecho de paciencia y de fortuna, hecho de una viva retirada de la mano que toca— ese pintor que nos tiende su imagen para que no la toquemos, para que no la retengamos en una percepción, sino, al contrario, para que retrocedamos hasta volver a poner en juego toda la presencia de y en la imagen, ese pintor pone en acción la verdad de la «resurrección»: la aproximación de la partida, en el fondo de la imagen, a lo singular de la verdad. Es así como él *pinta* (pero, aquí, este verbo puede desplegar sus sentidos hasta tocar las distintas modalidades de arte), es decir, en primer lugar, como «representa» en el sentido propio en que esta palabra quiere decir «hacer intensa la presencia de una ausencia en tanto que ausencia».

Pero no dejamos sin embargo de oír, pues no se extinguen, los armónicos de la frase *Noli me tangere.* Recordemos primero, para insistir en ello, que al traducir el griego *hapto* por *tango*, el latín, que no dispone de un verbo capaz del doble sentido de «tocar» y «retener», emprendía una vía única de interpretación[1]. Una limitación de la lengua se ha combinado aquí como diabólicamente con una atracción sorda desprendida por el propio relato y por la sensibilidad de Juan. Pues la sensualidad de María Magdalena

1. Algunas traducciones la rechazan y escogen la otra: «No me retengas así», precisa incluso la Biblia de Jerusalén, añadiendo una nota para indicar que María tiene abrazados los pies de Cristo, como está escrito en Mateo 28, 9, donde es a las «santas mujeres» juntas a las que se aparece Jesús. De esta manera, una traducción que quiere aliar filología y espiritualidad cristiana elide o elude sabiamente la connotación inducida hasta entonces (a beneficio de inventario) por todas las traducciones, y de la que la pintura se ha apoderado. Podríamos arriesgarnos a suponer que una razón análoga ha separado a los músicos del episodio, mientras que con frecuencia han hecho cantar a la Magdalena «al pie de la cruz» o «a los pies de Cristo», así como de penitente en el desierto (Agneletti, Rossi, Frescobaldi, Caldara, etc.). ¿Cómo correr el riesgo de sensualidad musical en un *noli me tangere* cantado por Cristo? Sin embargo, el episodio se cantaba en algunos dramas litúrgicos de la Edad Media (cf. el *Graduale Rothomagense*) y en la música contemporánea se encuentran bajo ese título obras instrumentales, entre otras, de Erkki Melartin o Hirosuki Yamamoto. Por otra parte, Massenet había compuesto un oratorio, *María Magdalena*, sobre un texto de Louis Gallet, donde figuraba el episodio del jardín; no se trata exactamente de música «sagrada», pero es tanto más notable que María Magdalena forme parte de una obra donde se codea, entre otras, con Thais, Safo y Manon. María Magdalena figura igualmente, como adoradora enamorada, en el «musical» *Jesucristo Superstar* de Andrew Lloyd Webber y Tim Rice.

responde a la del propio Juan, el autor del relato que acaba de designarse, poco antes de la escena, como «el discípulo a quien Jesús quería»[2]. Es él, como se sabe, quien reposa «al lado de Jesús» en el momento de la última cena[3]. Juan y Magdalena, una por la pluma del otro, pero el otro tal vez en una competencia o en una conjunción de amor —masculino y femenino— por aquel a quien hace decir: «Permaneced en mi amor»[4].

El amor cristiano es una inverosimilitud, es un mandamiento cuya «sublimidad»[5] enmascara menos de lo que desvela, al menos a la mirada penetrante de Freud, el carácter «antipsicológico del superyó colectivo» al que el mandamiento es «inaplicable». Sin ir aquí más lejos en el examen de este imperativo al que al mismo tiempo el propio Freud reconoce «el interés completamente particular» de designar, en definitiva, sin rodeos, «la agresividad constitucional del ser humano contra el prójimo», incorporo simplemente esta observación: la imposibilidad del amor cristiano podría ser del mismo orden que la imposibilidad de la «resurrección». Su verdad común respondería a esta imposibilidad misma: no en

2. Juan 20, 2; Juan se designa, sin nombrarse, siete veces en el curso de su evangelio.
3. Juan 13, 23.
4. Juan 15, 9. Es un tema insistente de Juan.
5. Cf. los capítulos V y VIII de *El malestar en la cultura*, de Freud, a los que me refiero en lo que sigue.

el sentido en que algún milagro, bien psicológico, bien biológico, debiera convertir lo imposible en posible, sino en el sentido de que es en el lugar de lo imposible donde se trata de mantenerse, sin hacerlo posible, sin tampoco convertir su necesitad en recurso especulativo o místico. Mantenerse en el lugar de lo imposible equivale a mantenerse allí donde el hombre se mantiene en su límite; el de su violencia y su muerte: en ese límite, se derrumba o se expone, y de una manera u otra se pierde necesariamente. Por eso ese lugar no puede ser más que un lugar de vértigo o de escándalo, el lugar de lo intolerable al mismo tiempo que de lo imposible. Esa violenta paradoja no se puede disolver, es el lugar de una separación tan íntima como irreductible: «No me toques».

Esa paradoja nos reconduce una vez más, en un registro en apariencia más elemental, a la doble connotación que va unida a esta frase.

O bien puede resonar con el tono amenazante de un enfrentamiento: ¡No me toques, no trates de tocarme, o te golpeo y no perdonaré! No me toques, no mides la violencia de que sería capaz. Es una última advertencia, como una última conminación y como el último límite donde el derecho va a ceder a la fuerza, a una fuerza que se legitimará con la violencia del otro, o de lo que se habrá designado de antemano como su violencia, precisamente al lanzar esta advertencia. Y en este último valor, la interjección o la conminación constituye en sí misma una incitación a la violencia. Es posible que aquel que la lance sea aquel que quiere la violencia.

O bien la frase resuena menos como una orden que como una súplica que se puede lanzar en el exceso del dolor o de la alegría. No me toques, pues no puedo soportar una vez más ese sufrimiento sobre mi llaga, o esa voluptuosidad que se exaspera hasta lo insostenible. No lo puedo sufrir o gozar más: pero sufrir y gozar son impulsados necesariamente por una lógica —o por una pato-lógica entendida lejos de toda medicina— del exceso, al cabo de la cual el uno termina por cruzarse con el otro rechazándolo cada vez más. No cruzamiento, no contradicción (ni lógica, ni dialéctica), sino contracción, retracción y atracción. La deflagración en la cual sufrir puede gozar y gozar sufrir. No toques, ni lo intentes siquiera, ese punto de ruptura: pues, en efecto, yo quedaría roto.

No intento atribuir estas connotaciones o estos armónicos al inconsciente de Juan ni al de Jerónimo; sería ridículo. Tan sólo quiero indicar que están activos en las lecturas, en las representaciones, en las solicitaciones de su texto y de la escena que ese texto ha hecho acreditar, aunque sea a su pesar, como una escena extraña en la que un cuerpo glorificado se presenta y se rehúsa a un cuerpo sensible, exponiendo cada uno de ellos la verdad del otro, rozándose un sentido con el otro pero permaneciendo las dos verdades inconciliables y rechazándose una a otra. ¡Atrás!, ¡retrocede!, ¡contente! (¿contenme?), ¡retírate!

Tal desacuerdo en el lugar mismo del abrazo define y abisma sin fin la verdad misma, su sufrimiento y su gozo, el levantamiento del cuerpo[6].

6. En el momento en que este libro se estaba imprimiendo, me entero de la existencia del trabajo colectivo de Marianne Alphand, Daniel Arasse y Guy Lafon, *L'Apparition à Marie-Madeleine*, Desclée de Brouwer, Paris, 2001. Lamento no haberme podido referir a él.

INDICACIÓN DE LAS PRINCIPALES OBRAS
QUE REPRESENTAN LA ESCENA

Para permitir al lector que vaya a ver por sí mismo otros ejemplos pictóricos (y a veces escultóricos), indico aquí (incluyendo las obras elegidas para la iconografía de este volumen) las obras de las que a veces he podido ver el original, con más frecuencia reproducciones, y de las que, en algunos casos, no he encontrado más que una indicación sin imagen (se trata bien de libros, bien de páginas de Internet). Renunciando a todo rigor científico, me contento con referencias mínimas, suficientes para orientar una búsqueda. Me faltan algunos nombres de museos. Algunos títulos de obras no son Noli me tangere, sino Cristo apareciéndose a María Magdalena (por ejemplo, Rembrandt), o bien La mañana de Pascua (por ejemplo, Burne-Jones), lo que corresponde también, como ya observé en el texto, a un cierto desplazamiento en la elección del momento representado.

Anónimos: sólo puedo indicar que, para Francia, la página «Mémoire» del Ministerio de Cultura hace la recensión, con imágenes en blanco y negro, de una docena de obras. Puedo mencionar también, a título de ejemplos, un capitel de Autun, o un fresco del siglo XV en la catedral de Constance y otro en la clausura del coro de Notre-Dame de París, pero sobre todo el cuadro de la parte inferior del retablo de la basílica de Saint-Maximin.

Barrocci, Federico, Florencia, Uffizi.

Botticelli, una imagen atribuida, pero no localizada y de atribución dudosa.

Bronzino, París, Musée du Louvre.
Brueghel el Joven, Nancy, Musée lorrain.
Burne-Jones, no localizado.
Cano, Alonso, Budapest.
Caracciolo Batistello, Prato, Galleria Communale.
Correggio, Madrid, Museo del Prado.
Denis Maurice, Saint-Germain-en-Laye, Musée du Prieuré
Duccio, Siena, Museo del Duomo.
Durero, Alberto, plancha 32 de la *Pequeña Pasión en madera* (n.º 47 del catálogo de Bartsch).
Echave, Baltasar de, Ibia, Brasil.
Etty, William, Londres, Tate Gallery.
Ferrari, Gregorio de, Bolonia, Musei Civici.
Ferrari, Gregorio de, Génova, Palazzo Bianco.
Fontana Lavinia, Florencia, Uffizi.
Fra Angelico, Florencia, San Marco.
Fra Bartolomeo, París, Musée du Louvre.
Giotto, Padua, Capella Scrovegni.
Giotto, Asís, Capella Santa Magdalena.
Holbein, Hampton Court.
Huetter Lucas, Eger (Hungría), Megyei Korhaz.
Hunt, William, no localizado.
Ivanov, San Petersburgo, Ermitage.
Juan de Flandes, Madrid, Museo del Prado.
Lorrain, Claude, Fráncfort del Meno.
Magnasco, Pasadena, Getty Museum.
Mengs, Londres, National Gallery.
Metsu, no localizado.
Mignard, no localizado.
Nardi, Toledo, catedral.
Nardo, Florencia, Santa Maria di Novella.
Perugino, Chicago, Art Institute.
Pontormo, Florencia, Casa Buonarotti.
Pontormo, Milán, colección particular.
Pontormo/Franco, Florencia, Casa Buonarotti.
Poussin, Madrid, Museo del Prado.

Raggi, Antonio, Roma, San Domenico & Siste.

Ramenghi, Bartolomeo, Módena, colección de la Banca Popolare.

Rembrandt, Londres, Buckingham, colección de Isabel II.

Rubens, Múnich, Antigua Pinacoteca (caso particular: tres apóstoles están presentes en esta escena alegórica).

Sarto, Andrea del, Florencia, Palazzo Pitti.

Schongauer, Colmar, Unterlinden (un cuadro y un grabado).

Sirani, Elisabetta, San Marino, Basilica del Santo.

Spranger, Bartolomeo, Bucarest, Museo nacional de Rumanía.

Tisi, llamado Il Garrofalo, Ferrara.

Tiziano, Londres, National Gallery.

María Magdalena cortándose el cabello, Livre de la *Passion,* finales del siglo XIV. Biblioteca Apostólica Vaticana

MARÍA, MAGDALENA*

1

María de Magdala: he aquí la mujer de largos cabellos, de bellas trenzas cuidadas para complacer a los hombres, de bellas trenzas sueltas para que ellos puedan aspirar su perfume. El nombre de Magdala habla de cabellera y de agua, habla del fluir, la libación, el derramarse. Habla también de imagen y figura, habla en calidad de retrato, de una mujer bella de bella apariencia.

María de Magdala, sea cual sea su nombre, y su ciudad, es la pecadora, la mujer entregada a la carne para el placer de los hombres a cambio de unas monedas.

No es pecadora porque se prostituya, sino al contrario: se prostituye porque es pecadora.

* Traducción de Alejandro del Río Herrmann.

Es pecadora porque está privada de amor. Está privada de amor porque está abandonada. Está abandonada porque está lejos de Dios. Está lejos de Dios porque es criatura.

Lejos de Dios, la criatura está sin amor, y se deja pagar para procurar el simulacro del amor. Pero no hay entre las criaturas más que simulacros semejantes. Porque el amor es de Dios, viene de Dios, es Dios mismo en verdad.

Pero Dios deja su criatura a su abandono de criatura, y María es aquella que sabe hasta qué punto está desamparada. María está por amor abandonada al simulacro del amor.

Pero en todo simulacro resta una similitud: resta en el breve ayuntamiento una pequeña semblanza de amor.

La cabellera que le fue dada como ornato, ella la trenza con esmero, dándole la curva y la torsión de los abandonos voluptuosos. Sus trenzas le sirven como demonios: como siete demonios que acarician el cuerpo de los hombres que vienen a besarla. Ella les vende la voluptuosidad de una sacudida que hace las veces de un trastorno. Pero les queda un poco de emoción hurtada a escondidas de debajo de su vestido.

María es pecadora, conoce su caricia privada de amor. Conoce su cabellera excitante, embriagadora y privada de amor. Sabe que no debe esperar nada de los hombres ni de sí misma, nada más que el dinero, las joyas, los ungüentos.

Cuando ve a un hombre, a un hijo de hombre, el cual le parece estar abandonado como ella, uno que no le compra sus encantos sino que la mira dulcemente, ella va a buscar su mejor perfume y le lava con él los pies, que seca con sus propios cabellos. Purifica sus pies con los instrumentos del pecado. Purifica ya el pecado al contacto con esos pies, con su humildad.

Los compañeros del hijo del hombre refunfuñan contra esta prodigalidad absurda. Pero él les dice que ella ha amado mucho. Lo ha amado, ha lavado y ha secado sus pies. Ha santificado sus cabellos contra los dedos de sus pies, encallecidos de tantas largas caminatas.

Lo ha amado y, al convertirse en amante, ha dejado de estar en el pecado. No por abandonar la prostitución saldría del pecado: pues se trata de salir de sí, y esto no es posible más que en el amor.

Pero lo ha amado porque ha sabido que él la amaba. Lo ha sabido o lo ha creído: tanto da lo uno como lo otro. El amor que la hubo abandonado la alcanza en su abandono. Porque el amor no ama salvo cuando va ahí donde está perdido, ahí donde se perdió.

Ha sabido que él la amaba porque él no le ha pedido ni le ha propuesto nada. No le ha propuesto pagarle una porción de amor, la ha amado. No la ha amado con un sentimiento de ternura, de compasión o ardor: no le ha pedido nada y al no pedirle nada le estaba haciendo un sitio. Y esto ya era amor. Era amor sin palabras ni movimientos, sólo con un perfume.

2

María la pecadora no fue perdonada como si hubiera cometido una falta. No fue redimida ni regenerada: sólo fue tocada ahí donde pecaba, esto es, en el centro, en el alma, en el lugar preciso de su abandono.

En ese punto del abandono donde el pecado la atravesaba, ahí y en ningún otro sitio penetró la gracia.

Ahí, en ese punto, fue tocada: y ese toque la hace pura igual que la otra María. Igual que la que no tiene el pecado en ella, la que no ha sido concebida en él, la que ha sido apartada de la condición de criatura, la que ha sido creada como un signo de excepción para señalar en el abandono la cara oculta del abandono mismo, esa cara que el abandono nunca abandona del todo.

María-Magdalena es pura en su cabellera impura, es santa en su pecado. No es más que la exposición del pecado a la gracia.

Por ello, el hijo del hombre le manda apartarse cuando él se retira a su padre —al hombre pues, pero infinitamente retirado más allá de los hombres. Se retira y le prohíbe a ella que lo toque, porque él no ofrece ya nada que pueda tocarse: ha partido ya, es un hecho, pero ella debe partir también, en sentido inverso, con el fin de anunciarle. Él se va y ella se va, uno y otra liberados en vida: liberados de quererse libres, liberados de querer ser ellos mismos.

Ella parte al desierto de Egipto. Se alimenta de escarabajos y de higos chumbos. Adelgaza y se marchita bajo su cabellera, que le sirve de capa y manta. Con todo, sigue siendo bella, y algunos camelleros que pasan la desean. Ella los toma con amor, les regala sus besos a cambio de nada. Ama los dedos de sus manos que agarran los suyos. Se acuerda de los pies del hijo del hombre.

Sube hacia la costa y se embarca para Alejandría: quiere partir más lejos, quiere incluso dejar la penitencia. Es bella aún, gusta a los marinos. Se deja desembarcar en la costa de Provenza.

3

Hay ahí pintores, desean pintarla porque ven sus cabellos y sus senos, ven el precioso frasquito de perfume que ha guardado siempre atado a su costado. Ven sobre todo sus ojos, iluminados por un fulgor que ellos siempre han buscado.

Saben que ella responde a su deseo de pintar. Responde por aquello que constituye el único objeto de ese deseo: por la gracia de abandonarse.

Magdalena y sus cabellos, Magdalena y el perfume, Magdalena que toca y acaricia, desde siempre estuvo hecha para la pintura, y es desde siempre pintura. No ha sido puesta en el mundo sino en este estado: desde un inicio inclinada sobre los pies del que llega y al que acoge, con sus largos cabellos cayendo sobre el suelo cuando se inclina así, casi prosternada, pero no rezando sino virtiendo el ungüento fragante antes de envolver los pies con su cabellera.

Vertiendo el aceite como un gran sacerdote que procediera a ungir a un rey o a un profeta, a ungir a un *messiah*, a un Ungido: uno marcado por el santo crisma, por el óleo de la bendición y la consagración, uno destinado por esta unción a abrir una puerta en el tiempo, una puerta de llegada y de salida, algo que salta de sus goznes y deja pasar un instante de eternidad, a contrapelo del tiempo, fuera de todo tiempo previsto y reglado.

María a contra-tiempo y a contra-empleo: la puta que oficia a los pies como Melquisedec o Aarón habrían oficiado a la cabeza. Gran sacerdotisa sin templo ni ceremonia, sin más pectoral que su seno, sin linaje levítico a su espalda, sin sirvientes ni candelabro.

Ella sola es templo y arca, arpa y ceremonia. Despliega sus cabellos a la manera de un velo, y los rollos de la ley se confunden con sus caderas.

Ella sola sustituye al arca y a los querubines dorados. Sustituye también al pueblo: resume su despreocupación y su esperanza. Lo pone en escena, cuadro viviente: he aquí el pequeño mundo de la calle y las tabernas, he aquí los pequeños trapicheos y los chistes verdes, he aquí toda una bacanal de cuatro cuartos y una generosidad del cuerpo. He aquí sus ojos maquillados, sus labios rojos y su vestido escotado, sus mangas con cuchilladas, sus brazaletes y sus botas, sus enaguas y sus encajes. La Madelon, la Madelomphe, la Madeloche.

María-Magdalena, su pequeño jubón de lana / Marie-Madelon, su pequeño jubón, y todas sus canciones — la de Piaf y la de Dalida, la de Brel y la de Dassin, y aun otras, e incluso las lascivas, y las muy antiguas como aquella que cuenta cómo

> *María-Magdalena*
> *Por los países va*

cantando:

> *La tierra que me lleva*
> *Ahí ya no me puede llevar*
>
> *Los árboles que me contemplan*
> *Ahí no hacen más que temblar.*

Pero en lugar de sustituir a todo —templo y mesías, oración y virtud—, Magdalena acaba por deshacerse de todo ello. No sustituye a nada, está por completo en otro sitio que no en esta clase de operación laboriosa. Viene de ninguna parte y va a ninguna parte — a ninguna parte, al desierto de Egipto o al de las Grutas. No va de misión, pasa por ahí. Pasa por donde a veces pasan los hombres y por donde a veces no pasan más que las serpientes. Acoge a unos y a otras, tanto a unos como a otras.

4

Es así como expone otra serie de pinturas: una gruta abierta, una arena alfombrada de huesos blanqueados, por doquier un pensamiento no de la muerte sino de la pequeñez de lo humano. Magdalena se sostiene al borde de lo humano, lo orilla viniendo de otro sitio para ir a otro sitio. No dice a dónde, eso no debe importarnos.

No sale del cuadro sino para entrar de nuevo en él. No desenvuelve su imagen sino para envolverse de nuevo en ella. Una Magdalena, eso es un instante de insolencia, de gracia, de lágrimas, de abandono.

Sostiene juntos en ese instante —las manos posadas sobre los pies que está limpiando, o cruzadas sobre sus senos— el mundo y lo de fuera del mundo, la presencia y la ausencia, el violento olvidarse en el goce y la sacudida en el fondo de la imagen.

La vieja canción dice:

Mis manos que fueron tan blancas
Como la flor de lis

Ahora son tan negras
Como el cuero cocido.

De todos los personajes de la pintura, ella es la única que aparece sólo por ella misma, absolutamente. No por un hijo como la otra María, no por un padre o un amante, sino sólo por ella misma, o por aquel que no es su amante sino su señor familiar —«¡*Rabbuní*!», le dice—, es decir, por el amor y por el amor del amor, por la absolutidad del amor. Por la relación absoluta del amor consigo mismo.

Este absoluto no es sino un trastorno. Es aquello que no deja de revolverla, de abatirla, de prosternarla a los pies del hijo del hombre, a los pies de su cruz, ante el sepulcro vacío, a las rodillas del jardinero, sobre la arena de Kattera, en la playa de Saint Maximin: Magdalena está siempre inclinada, arrodillada, prosternada a veces, a menudo recogida, no está de pie sobre la tierra, no es ése su oficio, calla y se concentra, encorva su humildad al contacto con el humus.

Pero es humilde sin estar humillada. Desposa su verdad, que consiste precisamente en no recibir su verdad sino de fuera, no de su humildad. Se recibe, no es sino en este recibir, por sí misma no tiene más consistencia que la de la recepción. Es la criatura que se sabe creada, que se sabe arrojada en tierra y para nada más que para la misma tierra, para su belleza y su aridez, para su placer y su pena.

5

María-Magdalena está toda ella en su trazo de unión: la gracia y el pecado, el goce y la penitencia, la santidad y el vicio, la virgen y la salida, las trenzas recogidas y la cabellera al aire, el vientre nutricio y el vientre voluptuoso, el parto del hijo y el servicio del hijo, lo intacto y el tocar. Pero el trazo de unión no hace surgir ninguna otra cosa, y no pone en marcha una máquina dialéctica. Permanece trazo de separación, guarda la distancia entre una y otra. Cada una es la verdad de la otra, María de Magdalena y Magdalena de María, pero cada una permanece en su lado, se miran con insistencia y se inquietan, tanto como pueden confortarse. María-Magdalena no es ni una ni otra, se retira bajo su trazo, solamente trastornada por permanecer así expuesta.

María – guión – Magdalena. María de Magdalena separada por un trazo. María sacada o

101

retirada de Magdalena. Y Magdalena de María. La Magdalense, la María que viene de Magdala. Magdala era una ciudad; su nombre puede referirse a la presencia de una torre, torre de los Peces o torre de los Tintoreros, según las fuentes. En todo caso, una torre sobre el agua. O acaso el sobrenombre de esta María le viene de otra semántica, relacionada con el peinado y la cabellera. Sería la mujer de las bellas trenzas o que hace bellas trenzas, peluquera de los días de fiesta. El agua o los cabellos, siempre se trata de ondas elementales, se trata de una profundidad que viene a la superficie y se ahueca en olas, se trata de una emergencia, de una flotación o un nadar.

Se trata de María, Myriam, Mériam, MRAM, el tetragrama femenino que flota sobre las aguas perfumadas. La Magdalena hace flotar a la mujer: entre gracia y pecado, entre creador y criatura, haciendo flotar su trazo de unión, por tanto de desunión.

Como una pasarela inestable entre el *nihil* y el *algo*, entre el abismo y la existencia, esta mujer (¿quizá *la* mujer?, pero estirada en dos, su unidad retirada en el entre-dos) nos presenta la irrupción de algo en medio de la nada y, de manera recíproca, el retorno eterno de la nada en toda cosa.

Un mismo trazo traza algo en nada y nada en

algo: es el trazo, la tracción, de María-Magdalena. Es la atracción de María por Magdalena y de Magdalena hacia María. Cada una tira de la otra hacia sí, cada una atrae a la otra a su vez, de un lado y de otro de un mismo umbral — jamás verdaderamente abolido.

La vieja canción acaba:

María-Magdalena
Ve al Paraíso

Su puerta está abierta
Desde ayer a mediodía.